Pecados à **Brasileira**

Pecados à Brasileira

Comportamento e moda populares

Estratégias de relacionamentos para jovens e adultos

Ler Editora

Brasília, 2011

LER Editora Ltda.
SIG Quadra 04 Lote 283 – 1° Andar
Tel.: (61) 3362-0008 – Fax: (61) 3233-3771
lgeeditora@lgeeditora.com.br
www.lgeeditora.com.br

Coordenação editorial
Antonio Carlos Navarro

Criação de *looks*
Ana Leite e Zainer da Mota

Ilustrações
Raimundo Torquato

Revisão
Júlia Carolina Lucca

Projeto gráfico
Samuel Tabosa de Castro e Ana Leite

Impressão e acabamento
LER Editora Ltda.

Dados Internacionais de Catalogação na Publicação (CIP)

Leite, Ana.
Pecados à Brasileira: comportamento e moda populares – Estratégias de relacionamentos para jovens e adultos . – Texto de Ana Leite; Ilustrações de Raimundo Torquato.
Brasília: LER Editora, 2011.
180 p. il., 20 x 26 cm.

ISBN 978-85-64898-01-1

1. Literatura. 2. Moda: estratégias e comportamento. I. Torquato, Raimundo, il. II. Título.

CDU 391 (047.3)

Este livro é dedicado a
você.

Sumário

Introdução

Percebi certa feita que os problemas que eu enfrentava seguidamente eram insignificantes diante de outros tão mais robustos e originais vividos por meus semelhantes e, portanto, não deveriam ser levados tão a sério. Essa percepção tocou minha displicência humana e espiritual plantando uma fase de reflexões sobre os desdobramentos da vida na qual está inserido o cotidiano brasileiro, que diariamente contesta a engenharia da ordem quase rendida à desordem e se impõe como regra, exigindo aceitação para uma nova realidade social, pois cada situação com sua particularidade e complexidade pede passagem desafiando um mundo formatado com regras.

Nesse cenário, individualmente pouco se consegue fazer, pois a vida só nos permite carregar o peso de nossa própria bagagem. Como um limitador implacável: a mala na qual carregamos nossos pertences ou valores sempre seleciona e, vez por outra, temos que deixar algo que não coube, visto a limitação do espaço, do transporte e até de quem carrega, revelando que a vida é um exercício de acomodações e escolhas. Sendo assim, procuro enchê-la com coisas que não ocupam espaço: sentimentos, silêncio, trocas e disposição para observar.

Pedaços de papel para embrulhar pães, guardanapo de restaurante, o canto de uma folha de livro, um caderno usado, e outros que se eu lhe contar você não acreditaria, receberam as primeiras informações escritas sobre, sutis, mas profundas mudanças no cotidiano brasileiro que eu e você vimos acontecer.

Foi tudo tão rápido que alguns escritos já parecem velhos e mudos ao propósito do que se quer dizer agora, embora eu saiba que mais vale um papel velho escrito com ideias novas do que velhas ideias escritas em papel novo, à luz dessa realidade exige-se a renovação das ideias, pois cedo ou tarde novas palavras ditas em papel novo também envelhecerão.

Refletir sobre temas variados pode gerar novas propostas, mas também pode parecer ousadia ou até insulto dependendo do ponto de vista, todavia seria necessário e transformador, a exemplo das pontes construídas sobre rios que facilitam o acesso para o outro lado; mas o desafio da reflexão está justamente em como e com que finalidade se refletir, ou o que fazer com essas reflexões.

Ao estilo brasileiro, dez personagens populares, marcantes, heróis do nosso cotidiano nos emprestam suas histórias e revelam ao leitor detalhes curiosos de suas vidas que, para fins de melhor compreensão, foram descritas por categorias.

Nos casos de família, será apresentada uma abordagem sobre a distribuição do trabalho doméstico na intimidade das famílias brasileiras, o machismo aceito pela população, a vida de migrantes desqualificados para o trabalho e sua rotina agonizante para sobreviver, e os detalhes da ascensão profissional e social de um pedreiro que se tornou empresário, e, nesse caso, um destaque para a criação e a educação do filho e herdeiro deste.

Na categoria profissão, curiosidades sobre a adaptação e a tensão emocional feminina em ambiente profissional e a escalada inglória de uma alpinista social que se autodestrói com sua falta de habilidade para separar os papéis que desempenha em sua vida pessoal e profissional.

Finalmente, na categoria cidadania, brasileiros que depositam sua esperança em um superjuiz mediador de conflitos inimagináveis gerados em uma sociedade de muitas leis e de pouca justiça; a frágil estrutura social e econômica geradora de violência entre os jovens; os anseios por um sistema de saúde digno; e o desejo de viver em segurança sob o patrocínio do Estado.

Nós Daqui

Nem caipira nem urbano

Ao som do mar e à luz do céu profundo, contraste, ilusão e desilusão.

Neste Brasil que são muitos: De belos e de feios, de casos e do acaso, de amparo e desamparo.

De desigualdade flagrante: dinheiro pouco para muitos, e muito para poucos.

De dor, dor de dente, de cabeça, da morte matada e da morte mal morrida.

Do amor à moda da natureza e descaso à mulher que de tanto, só revela a falta de civilização de nós.

De gente perdida sem patrão, chão, canção, rumo sem estação.

Da convivência pacífica com o preconceito não assumido de pessoa contra pessoa; negros contra brancos e brancos contra negros; da religião e religiosos sem fé; de tímidos medrosos contra a cultura de sua própria gente.

De gente que se atrasa e do que chega na hora, mas tem que esperar.

Dos vícios redibitórios, de serviços inacabados, mentiras ocultas, das promessas vãs, perfumaria embriagante, eufemismo social...

De comidas muitas, mas distante, que não posso ter.

Do cidadão que pensa que é, mas não é, e triste de dó de si, inconsciente chora sem lágrima, melancólico vive sua dor.

Você cidadão de verdade e de carteira, os sem registros, sem cor e sem pai de registro na certeza da maternidade e à incerteza da paternidade, também querem ser cidadãos e identificação.

Propagandas e ilusões mil: vende-se o que não tem, quase dizia o cartaz da venda que só vende.

Na camisa gasta do homem crédulo, a foto impressa, o número e o nome de seu "salvador". Abaixo se lê: vote.

São as mulheres desta terra, doce demais; homens como café sem açúcar viciam a vida em doses descabidas e descabidas buscas.

Costume feio: pelo que está perto, desprezo, mas o que longe está perto se quer. Agarradim ao que é seu é mió.

Tecido social com trama errada, direito humano mal concebido e direcionado.

Violência fora de controle – contra a vida, homens feras lançam ao chão o fruto ainda verde: vidas jovens como semente estéril plantadas em chão rasgado às pressas... Credo seu padre, seu pastor! Tire de mim esta dor.

Homens de boa vontade estão em falta, mas se pela falta é que temos a necessidade, então plantemos sementes, bem plantadas, de coração, peito aberto e nascerão Boníssimos, Justins da silva.

Coisa de falta é pra gente abastada, por isso de nada sinto falta, aqui nessas paragens só básico: hospital, serviços públicos, pão de sal e cafezinho para o dia todo, todo dia, acostumada, já nem gosto mais de outras coisas e, se há algo mais vigoroso, suadeira total...

Vem cá meu preguento, cachorro bom! Meu ônibus lotadim toda manhã de gente como eu não te cabe, mas no domingo vamos passear.

Ah! Esta minha terra onde canta o sabiá! Sábio é quem sabia, no passado meu canto deixei pra lá, mas é assim: cada momento tem sua própria fala ou seu próprio silêncio.

Minha gente linda! De muitas cores, que de tantas, já não sei qual é a nossa, pois na TV só gente de outro mundo, que não se parece comigo, de tão bonitos, parecem feios, e eu? Que cara eu tenho? Nunca me vejo, nunca apareço. Será que temos uma identidade?

Na minha casa com grade alta igual gaiola, eu feito passarinho, presa. Medo medonho. Já não posso ir ali.

Religiosa eu sou, santa não, feia sim, boba, não.

Letras? Não leio, penso, mas de pouco adianta! Os homens querem o "dipruma". Besteira! Cada vida dá o seu.

Uma coisa é certa: eu não quebro as regras e sempre canto o hino nacional com a mão no peito, pois isso ajuda, e o retrato do povo não fica feio. Sangue frio nessa hora: pátria amada sim, mãe gentil não, contudo, um filho teu não foge à luta.

Impávido colosso, gente brava, ego gigante por plácida vida trocai...

Xô pensamentos! Mas e criança feita gente grande? Tanta violência contra elas... Coisa triste. Mude isso, deixe os pequenos ficarem grandes, gente, por favor, deixem ficar grandes: homens, doutores, mestres é mió assim, mió também seria se em todas as paragens desta terra, por causa da grande responsabilidade, bom é fazer o berço primeiro e só depois os meninos, desnecessário qualquer esplendor, pois isso é coisa de príncipe, gente boa nasce do amor e se sustenta com trabalho, simples assim!

Longe de ser moralista ou profana, pois de nada adianta. Bom exemplo e trabalho talvez seja a solução.

Ana Leite

1 Cemira

Um casamento à moda local

Doutora Juliana, psicóloga, demorou a desfazer o sorriso que ofereceu a Cemira quando entrou no quarto do hospital onde sua cliente e também amiga estava internada. A senhora de cabelos brancos e jeito tímido levantou-se para recebê-la e, logo que as duas se sentaram, aos poucos ela abriu os presentinhos que ganhou de Juliana, que estava ali para ouvi-la.

Depois de algum tempo "costurando" amenidades, a idosa começou a falar em tom de desabafo sobre sua infância e da maneira diferenciada como seus pais lhe educou em relação ao seu irmão, revelando detalhes de sua vida e de sua cultura, como quem deseja se libertar do seu passado:

– Nasci em uma época e lugar onde tudo parecia paralisado no tempo, pois nada de interessante acontecia, mas meu pai se recusava admitir qualquer melhoria que fosse contrária às tradições do local, pois estas eram muito oportunas para ele e para os demais homens da pequena cidade, visto que qualquer mudança na vida social significaria perdas ou ganhos e, como não queriam assumir os riscos de uma mudança, tudo referente aos costumes era intocável.

Lembro-me, por exemplo, de algumas discussões entre ele e minha mãe para acertar nossa educação, mas meu pai era inflexível e não deixava margem para que ela atualizasse alguns conceitos necessários ao nosso desenvolvimento social. Dessa maneira, bem cedo, fui apresentada às tarefas da casa e, com nove anos de idade, eu já bordava e fazia pequenos consertos nas roupas da família; aos doze cortava legumes e, com quatorze anos, já dominava quase todas as técnicas dos afazeres domésticos, desde plantio de hortaliças até extrair remédios das plantas.

Minha mãe repassava as técnicas de sobrevivência contidas nessas atividades, afirmando que, para ser boa dona de casa, era necessário também saber cozinhar e ter conhecimento dos alimentos extraídos da natureza. Com isso economizávamos o dinheiro da farmácia, do supermercado, da costureira, e pouco se gastava com alimentos, pois se plantava quase toda nossa comida em nosso próprio quintal.

Minhas brincadeiras de infância foram totalmente ligadas ao trabalho, portanto nunca tive muito tempo para o lazer; todavia, para meu irmão a educação parecia não tomar muito do seu tempo, pois ficava horas desocupado e, mesmo assim, meu pai não permitia que ele se estendesse na companhia de nossa mãe para aprender algo relacionado às tarefas domésticas, pois dizia que serviço doméstico é coisa para mulher. Assim, ofereceu-lhe uma orientação fora da realidade para um jovem que pretendia se casar.

Lembro que minha diversão nesse tempo era folhear os catálogos de moda. As revistas femininas vinham com muitas novidades em máquinas e aparelhos domésticos e outras coisas que serviam de estímulo para que as mulheres não saíssem da cozinha, mas as revistas direcionadas para os homens eram focadas no prazer. Dessa maneira, aos quinze anos tornei-me uma jovem prendada, segundo os costumes locais, e aos dezoito anos também meu irmão se tornou um "homem", segundo os costumes locais: conhecia bem os prazeres, mas eu não podia pôr o pé fora de casa, pois isso era uma ofensa ao meu pai. Sem ter outro referencial, eu e minha mãe cumpríamos a tradição e eles também: nós em casa ao serviço e eles na rua, nem sempre ao trabalho.

Com dezesseis anos me casei com um homem que recebera a mesma educação que meu irmão e, durante o casamento, eu repeti o papel de minha mãe: silêncio, trabalho e subserviência; percorrendo o mesmo trajeto sem direito a escolhas.

O salário do meu marido somente cobria as despesas básicas da pequena casa onde morávamos. Por esse motivo, comecei a usar, além das técnicas de plantio, também as de costura herdadas da minha mãe, atividades que foram providenciais quando engravidei, pois além de fazer roupas para as clientes, também costurei todo o enxoval do meu filho, fazendo com isso muita economia para eventuais necessidades.

Meu trabalho não era reconhecido, entretanto, era explorado ao extremo. Na questão sobrevivência, as ferramentas de trabalho que recebi pareciam ser mais eficazes do que as dele, que não produzia nem criava nada, e no trabalho era seco, sem criatividade, sem emoção e mal remunerado.

Em casa também pouco acrescentava além de passar horas em frente à TV dando conta das tragédias do mundo. Invariavelmente, antes que o jantar ficasse pronto, com frequência saía com os amigos para um trago de qualquer coisa em um bar vizinho. De volta para casa depois de comer em silêncio, rumava para o quarto a dormir feito um bebê, creio que pela falta de preocupação.

Sem merecer, ele usufruía de uma estrutura doméstica mais justa para um homem com ocupação especial que, precisa de suporte para desenvolver suas atividades, embora ele não tivesse a exata noção do que tinha nas mãos, pois no dia a dia não lhe faltava nada: roupa lavada, passada, comida plantada, colhida e feita por mim, além do prazer oferecido pelas outras mulheres, com quem ele já estava acostumado desde sua adolescência. Sua vida era ótima, mas entre nós dois era visível a incompatibilidade em muitas áreas.

O ideal para o casamento era que tivéssemos tido educação semelhante, pois dessa forma não tinha graça para ele: eu era pouco acostumada e retraída, mas ele, muito experiente. Assim, fomos uma decepção um para o outro e vivíamos de cara amarrada, tamanho o nosso descontentamento conjugal e emocional.

Muitas mulheres do local pareciam sofrer do mesmo mal: viviam sobrecarregadas com o trabalho, enquanto muitos homens tinham tempo de sobra para defender seu *status* moral. Assim, involuntariamente, nos tornávamos cúmplices de nossa própria servidão.

No meu caso e em muitos outros, as mulheres contribuíam em silêncio durante toda vida de casada beneficiando sua família com soluções financeiras, mas eram os maridos que recebiam os créditos morais e sociais. Com o tempo, elas envelheciam sem jamais ter tido férias, sem aposentadoria, sem o reconhecimento dos filhos, nem dos seus esposos.

Uma vez tive uma crise de revolta e rasguei meu vestido de noiva ao lembrar que minha mãe economizava todo centavinho para custear minha festa de casamento, que só serviu para engrandecer a meu pai diante de seus amigos e deixá-la extenuada; todo aquele circo era para disfarçar o que eu deveria aceitar para ser socialmente correta. Tive raiva daquele momento, pois nem eu nem minha mãe nunca usufruímos de nada que estava por trás daquela alegoria machista.

A cada dia ele se mostrava mais desinteressado pelo nosso casamento e a prova é que engravidou uma mulher, mas deu um jeito de sumir com ela da cidade, deixando-a com o filho e toda a responsabilidade moral e financeira. Era um covarde, nem em sonho um cavalheiro, contudo não teve quem o fizesse assumir sua parte no caso com a dona; ao contrário, ele desprezava qualquer atitude que lhe trouxesse à responsabilidade, pois não queria manchar seu casamento.

O argumento é que era para me proteger, mas era sua reputação de homem digno que estava em jogo, não a minha. Nessa fase do nosso casamento, tive certeza de que eu patrocinava a fornicação cultural da qual meu marido era adepto – além de proporcionar a estrutura do casamento para que ele se livrasse de casos indesejáveis.

Meu esforço era direcionado para criar os filhos longe da cultura do descaso que envolvia meu marido. Nesse cenário, porém, havia homens que agiam corretamente com suas famílias; contudo, eram criticados e estimulados a continuar como os outros.

Tínhamos esperança de que, com o passar dos anos, eles amadureceriam e haveria mudanças no comportamento social. Mas o tempo trouxe ainda mais tolerância da sociedade para os abusos masculinos. Meu marido, por exemplo, recebia consideração dos amigos sempre que eu me revoltava com seu comportamento e, depois que se aposentou, vivia ainda mais confortável, contudo, eu continuava com as mesmas obrigações de antes. Hoje fico ressentida com essa injustiça, pois poucas vezes eu tive um dia de folga, um passeio, uma viagem, nem mesmo roupas que não fossem feitas por mim. Depois que ele se aposentou, age como se fosse uma honra tê-lo em casa. Confesso, meus nervos estavam em frangalhos, pois com o passar do tempo minha casa virou abrigo para um homem que precisa a qualquer custo manter-se digno, pois para seus parentes ele era o bom marido e provedor da casa. Baseados nisso, eles me cansavam com visitas inoportunas, sobrecarregando-me com o trabalho doméstico.

Certa feita, eu amanheci disposta a mudar minha situação e fui ter uma conversa com João, que tomava banho de sol, e disse-lhe:

– Já faz muito tempo que você está aposentado e se recusa a fazer o menor esforço aqui em casa, e eu? Quando poderei ter férias?

João parecia não me dar atenção, mas insisti:

– Em todos esses anos de casamento você não foi decente, e sempre que chamei sua atenção para o fato você me repreendeu, falou alto, deu sua punição como se a errada aqui fosse eu. É dissimulado, esconde as provas de seu mau comportamento usando seus argumentos para me confundir, pois eu nunca consigo revidar, tamanha sua astúcia. Nossa história acabou: exijo respeito, pois você não tem razão nem moral para se defender constrangendo-me com suas mentiras. A partir de hoje, estamos separados!

Ele tentou revidar, mas foi inútil.

Cemira respirou fundo ao se lembrar do episódio, mas continuou falando:

– Hoje, arrependo-me tardiamente de não ter feito muitas coisas com medo de enfrentar a situação. Assim, dediquei minha vida a um falso casamento, enquanto fingia estar conformada com um falso marido.

Essa atitude extrema não me faz mais inteligente do que a outras mulheres que não deram um basta na situação antes de envelhecer, mas teria sido melhor ter cortado o mau pela raiz antes de o problema tomar o rumo de uma estrada sem volta e destruir minha vida em nome de um costume mal interpretado por pessoas egoístas.

Depois de viver a experiência da solidão a dois, muitas mulheres, já envelhecidas e doentes, penam com os problemas domésticos, emocionais e sociais que elas enfrentam no seu dia a dia sob as regras da subjugação do trabalho feminino, que ao longo do tempo lhes fizeram servas prisioneiras de sua própria família.

Note que a minha história, assim como a de tantas outras, foi de muito esforço e resignação, contudo, a sociedade não reconhece o trabalho da dona de casa como atividade útil ao país...

Cemira ficou aliviada ao ouvir sua própria voz liberando sua indignação. Juliana a ouviu em silêncio, em seguida lhe ofereceu algumas dicas de superação e despediu-se depois que ela concluiu seus relatos: meu nome é Cemira, eu devia ter olhado menos para as tradições e mais para mim, pois hoje sou uma mulher triste e descompensada por ter consciência de que cumpri as regras e fui vítima delas.

Comentários

Muito bem! Se você leu até aqui, poderá deduzir que estou generalizando e/ou me posicionando a favor das mulheres, entretanto, lhe asseguro que a linha de pensamento aqui é outra: refiro-me à situação e ao mundo de Cemira como ela o sente, seja pelo contato que tem com seus vizinhos, parentes, amigos e principalmente pelo modo como o marido lhe tratava.

Ela se vê em uma situação onde o "mundo dela," uma pequena cidade do interior do Brasil, tem uma amostragem considerável de pessoas que tem relacionamentos com perfil parecido com o que ela relata, portanto não tenho a pretensão de ser generalista. Ou seja: esta e as outras estórias se referem ao seu próprio personagem.

O caso das Cemiras do Brasil ainda tem o ranço hereditário da cultura patriarcal machista na qual a mulher é tratada com diferenciações injustas em relação ao homem, e seu papel na família é imposto por uma construção social em que várias instituições insistem na ideia de continuidade da dominação feminina, constrangendo-a a dedicar sua existência ao casamento, às obrigações domésticas e ao lar para cumprir seu papel de mãe.

Nesse modelo familiar, existe uma interpretação errônea para o uso do trabalho feminino, pois durante anos elas se responsabilizaram pelos cuidados com a casa, com a criação dos filhos e em muitos casos também pelo sustento deles, mas culturalmente seu papel é de coadjuvante do homem supervalorizado, revelando o descompasso no valor e na educação dos filhos em relação às filhas e o flagrante patrocínio dos privilégios masculinos no seio das famílias brasileiras adeptas desse sistema.

Sobre essa situação, é importante lembrar que no Brasil ainda existem mulheres que nasceram, casaram e estão morrendo sob esse regime e vivem em visível desvantagem social e econômica em relação ao homem.

A exploração do trabalho feminino no Brasil tem suas raízes na formação cultural do país, pois associavam o trabalho doméstico ao trabalho escravo e, portanto, gratuito. A maioria das mulheres brasileiras está nos trabalhos mais precários, informal e se submete a dupla e até tripla jornada de exaustivo trabalho com baixos salários. E muitas, mesmo casadas, dependendo do marido vivem sem dignidade, como a criada da família, trocando comida por moradia e sujeitas à violência. Entretanto, nunca se ouviu falar de uma greve de trabalho das donas de casa. O Brasil precisa ficar atento a essa injustiça e oferecer para a dona de casa o direito à Seguridade Social.

Cemira declara que seu marido teve um filho fora do casamento, mas não houve quem o fizesse cooperar para descobrir a verdade biológica. Isso porque culturalmente sempre foi das mulheres a preocupação de pedir o reconhecimento da paternidade dos filhos, logo a aceitação pacífica do suposto pai contraria os interesses de sociedades machistas.

A certeza da maternidade e a incerteza da paternidade geram dúvidas, exigência de castidade e controle do comportamento da mulher. Daí uma boa razão para a supervalorização de uma postura rotulada como qualidade de grande valor. A abstinência sexual feminina dignifica e honra a mulher, mas para o homem sempre foi valorizada a livre sexualidade, antes e depois de se casar, como elemento de afirmação de sua virilidade.

Culturalmente é menos cobrada deles a responsabilidade na questão dos filhos, pois a lei costuma privilegiar a recusa masculina em declarar a paternidade, dificultando para a mulher e a criança o direito de serem assistidas. Somos, afinal, uma sociedade de homens livres e mulheres oprimidas na questão sexual, dentro e fora do casamento.

Aqui vemos também o desencanto feminino com o casamento e com o contexto social no qual muitas estão inseridas. Esse assunto revela que, embora não seja de regra, existe muita injustiça, deslealdade e violência psicológica contra a mulher dentro dos relacionamentos conjugais, extrato provável da falta de educação emocional de nós brasileiros.

Cemira diz com ressentimento que seu ex-marido recebia consideração dos amigos mesmo quando ele estava errado, pois para ela isso é o reconhecimento de que o comportamento dele é mais aceitável do que o dela, que se esforçou durante a vida toda para cumprir as regras sociais de sua comunidade.

Seu ex-marido é do tipo preguiçoso, ausente, vaidoso e infiel, um composto insuportável para uma mulher com os princípios dela. Perceba que a participação dele na provisão e na educação dos filhos é mínima. No entanto, leva sozinho o título de provedor e benfeitor da família, além do *status* social lhe ser atribuído por uma questão cultural – que pode estar associada à não valorização do trabalho e do dinheiro feminino.

Nessas condições o casamento parece um contrato de trabalho de má fé e mal formulado, que não especifica as tarefas da mulher, nem prevê uma data para a desaceleração das atividades domésticas. Contudo, se a mulher for a mantenedora da casa, muitos homens mostram dificuldade para inverter os papéis, nem buscam melhorar a convivência familiar a fim de aliviar as tensões domésticas e a que é gerada pelo desenvolvimento profissional da esposa.

Hoje muitos casamentos têm uma proposta experimental e várias mulheres não esperariam o tempo que Cemira esperou para saber se fizeram a escolha certa entretanto, muitas delas, apesar de terem feito escolhas erradas, ainda permanecem casadas apoiando sua família no desenvolvimento profissional e social, contudo são comuns abusos contra o tempo da esposa/mãe, impedindo, em muitos casos, que ela própria cresça profissionalmente.

Apesar das queixas masculinas a respeito da emancipação financeira da mulher, a maioria dos homens se sentem mais seguros quando não são os únicos mantenedores da casa; por outro lado, gostariam de preservar a imagem materna de feminilidade, de proteção e carinho que tradicionalmente muitas mulheres transmitiam anos atrás, a fim de que isso também não seja diluído nos conceitos capitalistas de sobrevivência.

Muito se fala em crise da família, talvez como consequência de inúmeros fenômenos sociais, como o aumento da expectativa de vida, da crescente população de pessoas com mais de sessenta anos que ainda trabalha e tem alta expectativa de novas experiências emocionais para si, seja depois da viuvez, da separação, pelo alto número de oferta afetiva e pelo surgimento de novos modelos familiares derivados desses fenômenos.

No caso de Cemira, apesar da experiência conjugal infeliz, ela não desistiu de encontrar um grande amor e está pronta para ter um relacionamento com formato atualizado e proposta mais justa para os dois, no qual exista individualidade, respeito, trocas, prazer e alegrias sem os embaraços de uma relação de dependência, culpas, responsabilidade servil e despersonalização para se ajustar à relação.

Atualmente os livros religiosos, os noticiários, entre outros afirmam que o mundo está cheio de pessoas egoístas, violentas, mentirosas, sem afeto, ingratas, assassinas, duras de coração, infiéis, cruéis, traiçoeiras, frias, calculistas, desonestas, portanto, fracas espiritualmente; é nessa exposição de incerteza humana que escolheremos nossos pares.

Entretanto, ainda existem muitas pessoas boas, receptivas ao amor e ao ser humano, mas é preciso saber encontrá-las, pois somos uma vitrine, e pelo modo como nos expomos podemos mostrar nossa transparência em relação ao afeto, amizade e bondade, mas também podemos mostrar em relação à infidelidade, grosseria, ao desrespeito, à instabilidade e mentiras.

Cemira tinha muitas qualidades que interessam aos homens, pois era trabalhadora, dedicada ao marido, deduz-se que fosse boa cozinheira, boa mãe, independente financeiramente, discreta, responsável, fiel, bem criada e uma profissional no desenvolvimento das tarefas domésticas. Entretanto, não soube escolher alguém à sua altura.

Avalie as características da pessoa que você está interessada para que não se sinta tentada a desistir de uma relação, e também para não cair na conversa de alguém descomprometido, pois todos têm uma ou outra qualidade que equilibra a relação, mas também podem ter defeitos que a destrói. O que podemos dizer com isso é: fique atenta às características com as quais você ainda não consegue lidar.

Dicas para escolher um novo amor

- *Procure um homem que tenha você como o centro das atenções dele e que você acredite nisso;*
- *Não aceite o jogo dos que são atirados e não têm domínio próprio, pois eles vão lhe deixar ansiosa;*
- *Veja com consideração um homem que goste de dividir as tarefas domésticas, bem como consertar os defeitos da casa;*
- *Um que não paquere suas filhas ou sobrinhas enquanto você faz o almoço deles, pois isso pode desestabilizá-la;*
- *Aquele que tem jogo de cintura e calor humano. – Pense, você toda séria e ele quebrando seus bloqueios;*
- *O que sempre acrescenta às compras do supermercado algo especial para você, depois guarda tudo no armário, quer agradá-la e poupá-la;*
- *Também tem aquele com força moral para acompanhá-la em tudo e não exige reparações nem cuidados especiais;*
- *Mantenha distância de quem ainda pensa que mulher só quer o dinheiro dele, pois um cavalheiro bem treinado entende se uma mulher em desvantagem financeira se apaixonar por ele;*
- *Cuidado com o avarento. Se você o ama, tente ser independente e não aceite que ele controle seu salário;*
- *Deixe em segundo plano o mesquinho que crava as garras no dinheiro e não solta nem para satisfazer o próprio apetite, pois egoísmo e mesquinhez detonam qualquer relação;*
- *Valorize aquele que percebe que seus remédios estão acabando e os providencia sem que você lhe peça;*
- *Aquele que lhe prepara uma festa surpresa no dia do seu aniversário é surpreendentemente "muito legal", portanto divirtam-se juntos;*
- *Beije com gratidão aquele que pede um dia de folga para ficar contigo no hospital;*

- *Nossa! Aquele comunicativo, afetuoso, (sim, estou influenciando sua percepção) culto, responsável. Que tudo! Por favor, segure e valorize;*
- *O que toma iniciativa de fazer as pazes depois de um desentendimento não está a fim de perdê-la;*
- *Homem iracundo com temperamento explosivo, constante variação de humor, além de sofrer, fará você também sofrer;*
- *Fique longe dos que são extravagantes com as palavras, com os gastos, com o álcool e dos que gostam de fazer apostas e não têm qualidades que se sobreponham a esses defeitos;*
- *"Desligue o contato" ao ouvir aquele exigente e individualista, pois logo vai querer tudo ao modo dele, ou seja: ele manda e você obedece;*
- *Grite um não bem alto no ouvido para despertar o espírito de alguém que exige que você decida entre ele ou sua carreira profissional, ou algo importante para seu desenvolvimento; se encontrar dez deles continue gritando;*
- *Aprenda a conviver melhor consigo mesma, sinta-se inteira, esqueça a ideia de vazio, amor perfeito ou romântico, pois existe mais dignidade na solidão do que viver a dois quando não temos valor para o outro;*
- *Não prolongue uma relação de dependência e/ou concessão exagerada;*
- *Dia a dia diga para você mesma: eu me amo, eu me valorizo, eu me respeito e, portanto, procurarei fazer escolhas assertivas.*

Para você refletir:

É muito importante saber onde, como e para quê encontrar alguém. Por uma questão de segurança, o quesito onde encontrar alguém deve ser muito bem escolhido. Atualmente a rede social via internet é uma opção de lugar para se conhecer muita gente sem exposição física. Se for participar de sites de relacionamentos, escolha um pago, que monitora a veracidade do perfil descrito.

Na questão como fazer para encontrar alguém; o destino nos prega cada peça! De todo modo, esteja aberta para ser vista, não adianta ir a uma festa, por exemplo, e ficar toda encolhida. Às vezes é melhor pagar uns micos para chamar a atenção de alguém, do que ficar congelada no canto escuro da festa para não correr o risco de levar um fora, ser mal interpretada... Não tenha medo de ouvir um não. Seja comunicativa, agradável, simples. Defina seu perfil preferido e veja onde está a maior concentração deste, por exemplo, se você gosta de homens musculosos, vez por outra vá a uma academia.

Na questão para que encontrar alguém; a primeira pergunta seria: eu preciso de alguém? O que vou fazer com esse alguém e o que ele fará comigo? Eu tenho tempo para esse relacionamento? Eu quero mesmo essa pessoa? Eu estou a fim de abrir mão de minha individualidade, da minha intimidade, por essa relação? Se a maioria das respostas for sim, então boa sorte! Mas não queime sua imagem fazendo testes sem saber o que deseja para sua vida afetiva.

Vida nova espera por Cemira, veja mini coleção para ela curtir essa fase.

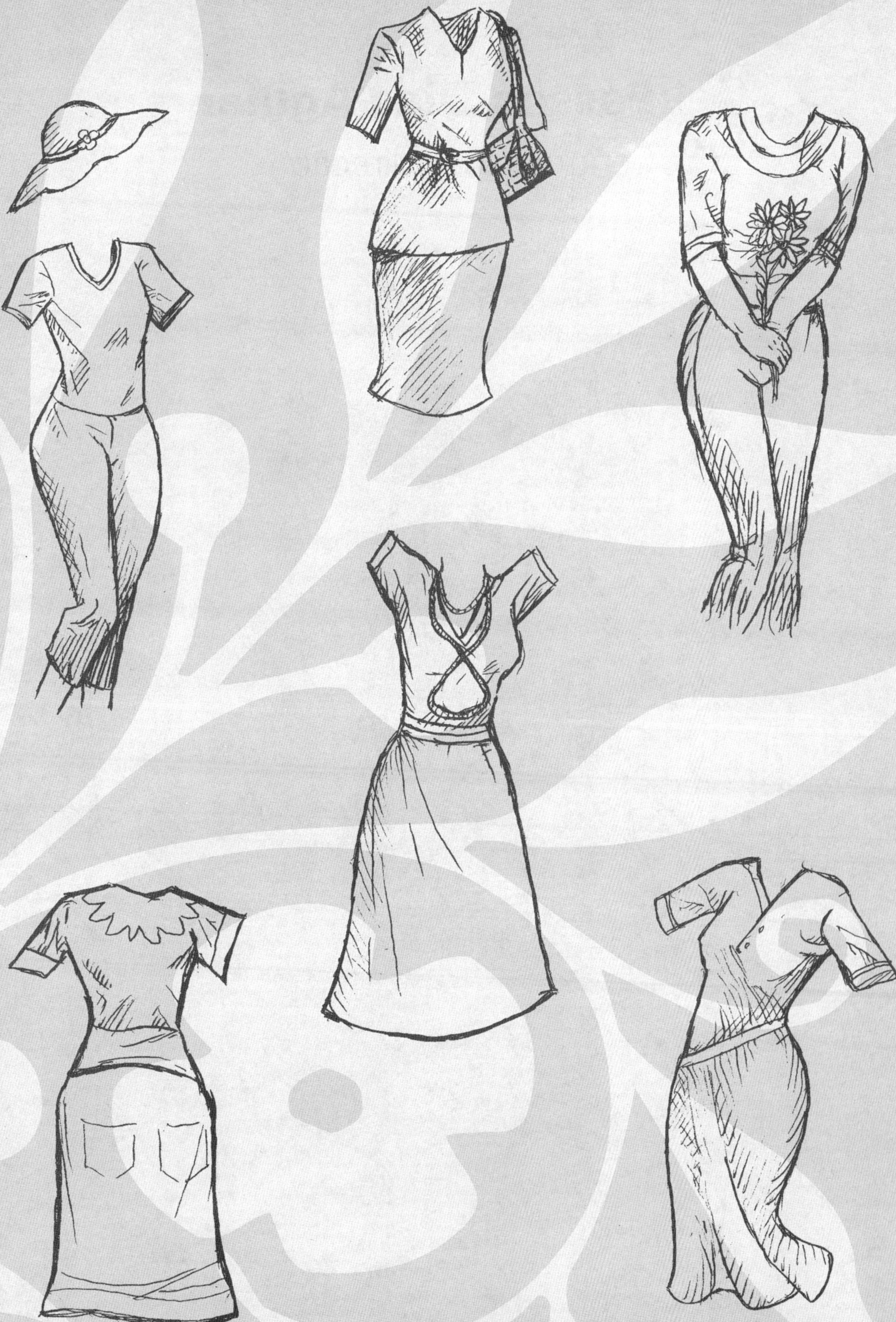

2 Passos Dias Aguiar

Controle sua "direção"

Eduardo, padre de uma pequena cidade, é quem nos conta sobre Passos Dias Aguiar, que faz exatamente o que seu nome diz: passa o dia nas estradas guiando seu caminhão. Ele é o que podemos chamar de herói anônimo, pois seu trabalho tem muita importância para o desenvolvimento econômico do país. Em sua essência, contudo, é um ser rústico e indisciplinado.

Atualmente está inconformado com o recente abandono da sua esposa e por vezes vai ter com o padre expor seus pecados. Na redondeza se comenta que ele não é lá muito honesto com a família, mas onde vive recebe tratamento diferenciado, pois qualquer deslize masculino é visto com menor intensidade moral, diante do mesmo deslize praticado por uma mulher – revelando uma injustiça que já virou costume no local.

O homem que não sabe quantas vezes se havia confessado pelo mesmo pecado era campeão de maus tratos psicológicos à sua família, mas nada lhe tocava e tinha orgulho disso.

Tinha, por exemplo, o costume de se envolver emocionalmente com mulheres ingênuas, de bom coração, para ter certeza de que elas não reagiriam contra seu comportamento, pois quando queria se livrar de uma relação sem graça, simplesmente dizia que era casado, dava adeus e pronto. Para quem reclamava da sua falta de limites, a resposta era fria e mortal:

– Você se envolveu comigo porque quis.

Diante da indignação de suas amantes, passava a valorizar sua família fazendo destas um escudo protetor e, invariavelmente, quando a coisa ficava sem controle, recorria ao padre para aconselhar a vítima da vez a não exigir reparações, pois era casado e não queria deixar sua esposa por uma mulher qualquer.

O comportamento de Aguiar era pavoroso e vez por outra alguém mediava seus conflitos a fim de evitar uma tragédia, contudo, era só passar o entrevero que lá estava o homem de volta com uma nova conquista, tamanha sua falta de caráter e despreparo moral.

Aguiar já tinha dado por encerrado o caso com todas as outras e agora estava de posse de sua nova aquisição, e nem em sonho pensava em reparar os danos causados às demais mulheres; indiferente a tudo e a todos, agora de novo amor, que mais parecia ser sua filha, ficava muito tempo em casa, orientando a moça como melhor servi-lo e respeitá-lo frente aos seus amigos – deixando os filhos indignados com sua atitude.

Andava feliz e sorridente pelas praças com sua nova conquista: jovem, alegre e mais disposta aos prazeres. Segundo ele, parecia uma dádiva dos céus para um homem que fora abandonado por sua esposa, mas era só alguém perguntar pela ex que logo fechava a cara e saía sem pedir licença.

– Bem feito!

Diziam as amigas de Cláudia que comentavam entre si sua atitude e coragem. E assim a história deles se espalhou pela pequena cidade, mas os homens repreendiam suas esposas, pois não queriam que a reputação machista local fosse quebrada.

Cláudia sempre sonhou ser artista de teatro, mas naquele lugar isso era uma ofensa para o marido tosco de pai e mãe.

– Você vai ser artista sim, limpando estas panelas e deixando-as com o brilho das estrelas de *Hollywood*. Aguiar explodia em risos caçoando de sua esposa, mas Cláudia ficava calada, com a certeza de que logo chegaria sua vez de brilhar.

O pai de Cláudia achou um absurdo ter sido tratado na rua como o pai da fujona. A filha para ele estava "mortinha da silva":

– Por favor, não me façam esta desfeita em falar o nome dessa desalmada, era o que ele dizia quando o assunto vinha à tona, mas desejava que sua filha tivesse arrependida e voltasse humilhada para casa.

Cláudia, entretanto, estava bem e de amor novo ao lado de um viúvo cheio de charme e de maneiras, coisas que Aguiar não tinha. Os dois se conheciam antes mesmo dela se casar com Aguiar, mas por um infortúnio tiveram destinos diferentes.

No momento da reaproximação o viúvo estava livre e ela estava cansada da vida infeliz e infrutífera que levava ao lado de Aguiar; por causa dessa situação, certa feita aproveitou a habitual noitada do marido e saiu da cidade sem levantar a menor suspeita, pois jamais ninguém imaginou que fosse capaz de tal coisa.

Aguiar só soube do sumiço da esposa três dias depois, quando seu filho Pedro lhe perguntou sobre ela, mas ele se fez de desentendido e, como de costume, passava as noites na rua e de lá mesmo pegava a estrada, pois naturalmente seu emprego era um álibi perfeito para mascarar seu estilo de vida. À noite, entretanto, foi saber de Cláudia procurando-a na casa dos sogros, depois na vizinhança; mas nem mesmo o pessoal da rodoviária sabia informar o paradeiro dela.

Depois de perceber que ela havia fugido, Aguiar não se conformou. Naquela noite praguejou faiscando fogo pelas ventas, tamanho o ódio e a vergonha que sentia ao tomar consciência do que havia acontecido.

Sob efeito da ira, esmurrou um colega de estrada quando este lhe disse que sua esposa tinha ido passar umas marchas com outro motorista, visto que o caminhão dela andava à deriva. Transtornado, saiu quebrando tudo que via pela frente.

Mais tarde veio (ao padre) pedir para excomungar aquela maldita mulher que tanta vergonha estava lhe causando.

– Filho, vá para casa, resolva as coisas com calma, você por acaso já esqueceu quanta dor e vergonha fez essa pobre mulher passar?

– Ora seu padre, não me venha com essa conversa para acalmar mulher traída, esse tipo de prosa funciona bem com elas, mas comigo a coisa é no muque, onde já se viu uma mulher trair um homem? Além do mais, nunca gostei dessas mulheres com quem me relacionei, pois um homem pode ter mil amantes, mas se ele não se apaixonar, continua sem trair.

– Alto lá. As coisas não são como você imagina. Toda mulher merece respeito, mas a que você menos respeitou foi justamente a sua esposa.

– Ara mais essa! Pode ser em outras paragens, mas aqui ninguém faz isso com Aguiar.

De volta para casa, tomou um trago de pinga e lá pelas tantas horas da noite finalmente cochilou, mas acordou quando o telefone tocou. Era Cláudia.

– Alô. Aguiar?... Ele gelou ao sentir a coragem de sua esposa lhe informando a separação em alto e bom tom.

– Quem está te incentivando sua safada? Diga-me o nome dele para que eu lhe arranque o fígado pelas ventas.

Falou vociferando feito um animal, mas Cláudia o ouviu impassível e voltou a falar:

– Amanhã vou dar entrada nos papéis da separação e os envio pelo correio para que você os assine. No mais, desculpe-me, eu te esperei em casa por dias para anunciar minha decisão, mas cansei de sua ausência e resolvi sair. Entenda que não saí escondida, apenas não tinha para quem avisar, mas deixei minha mãe a par da situação. Quando eu me estabelecer financeiramente mando buscar os meninos. Seja feliz com as várias mulheres com quem você se relacionou ao longo do nosso casamento. Boas noites!

Aguiar sentiu o sangue congelando nas veias.

– Que droga! Ela sabia de tudo. Mesmo assim, isso não vai ficar barato, ela vai ter que me dar o devido respeito, nem que dure um ano, dois, mas quando eu puser as mãos nessa vadia dou-lhe uma surra em praça pública, para que aprenda e nunca mais homem nenhum aqui na região seja traído por sua esposa.

A noite foi desafiadora para Aguiar: chorou, vomitou, quebrou coisas, gritou... No dia seguinte, entretanto, colocou um revólver na cintura e foi a pé até a delegacia pedir para que fossem atrás de Cláudia, explicando o acontecido. Mas o delegado que já o conhecia lhe perguntou o porque de ele saber do sumiço da esposa só depois de três dias.

– O senhor estava na cidade três dias atrás, não estava?

Acenou com a cabeça afirmativamente enquanto uma lágrima escorria pelo rosto.

– Dona Cláudia não lhe telefonou avisando onde estava e porque tinha tomado esta decisão?

– Sim, telefonou e avisou.

Aguiar entendeu que, daquele modo, seria incriminado e tratou de sair dali correndo feito um cavalo a galope, causando estranheza nas crianças que voltavam da escola. Foi se refugiar em um lago onde costumava passar horas com os amigos pescando e fazendo gracejos das experiências íntimas que tinham com as mulheres com quem se relacionavam.

Depois de pensar, dali saiu com tudo o que lhe restou: o orgulho e a soberba. Foi direto à casa de Verinha, uma velha pretensão sua; passou-lhe uma cantada barata e disse que mais tarde voltaria para vê-la. Ela mal acreditava no que estava vendo e ouvindo, entretanto, se fazia de inocente e difícil; contudo, ele entendeu sua dissimulação, mas voltou como lhe prometera. Verinha era parte de seu plano de vingança contra Cláudia

Tratava-se de uma moça bonita, mas imatura e sonhadora, apesar disso a rapaziada estava de olho nela, disputando qual seria o primeiro a destruir a dignidade da jovem. Aguiar, como todo bom conquistador, tinha de chegar à frente, embora não tivesse nada a oferecer, arriscou dizendo à moça:

– Pois é Verinha, como você já sabe, minha mulher foi embora, mas eu não vou esperar por ela, tenho muito orgulho e isso eu não engulo nunca. Se você quiser, eu quero me casar o quanto antes com você, não precisa arrumar nada, lá em casa tem tudo, me diga o que acha.

– Ora! Assim tão depressa? Deixe-me pensar um pouco, te dou a resposta em um mês, respondeu a moça.

Aguiar levantou-se bruscamente, fez uma pressão violenta para cima da moça e disse:

– Minha querida, a proposta é para hoje, daqui a um mês eu já devo estar morto ou então já terei arrumado três de você.

A moça ficou em desespero ao ver sua única oportunidade na vida ir embora de repente; do mesmo jeito que chegou, mas logo tratou de ir desconversando, e disse: – Daqui a uma semana o senhor pode vir me buscar, é só um tempo para eu arrumar meus vestidos e não chegar assim tão desfigurada em sua casa, né mesmo?

– Ah bom! Sendo assim, eu volto daqui a uma semana.

Disse-lhe vitorioso.

A moça não se aguentava de contentamento e correu para avisar ao pai, mas, ao ouvi-la, o ancião lhe retrucou em voz alta:

– Conheço a fama desse sujeito e acho que você não deve fazer uma loucura desta. Se ele fosse um homem decente, teria vindo aqui falar comigo.

– Não se avexe não pai, eu sei o que estou fazendo.

– Escuta Verinha, esse senhor não é o pai do Pedro?

– Isso mesmo.

– E você vai casar com o pai dele?

– Sim, vou.

Contrariando a vontade do pai e provocando a indignação de todos, uma semana depois lá estava ela na casa de Aguiar usando a velharia deixada por Cláudia. Era só felicidade, pois antes morava em um casebre coberto com palhas, mas a nova situação era melhor em tudo para ela.

A vida seguia seu fluxo e, certa feita, depois de um passeio, Aguiar e Verinha, encontraram Pedro em casa. O rapaz era muito parecido com o pai. Ao vê-lo, ela deu um suspiro que chamou a atenção de Aguiar. "Macaco velho" percebeu que ali tinha coisa, mas era cedo para tirar conclusões. Entretanto, ele tinha razão, pois no passado, Verinha e Pedro se haviam conhecido na escola e tiveram um breve, mas apaixonado, namorico.

Quando seu pai decidiu ficar com Verinha, o jovem que também é motorista estava viajando e, por causa dos últimos acontecimentos, teve que honrar os compromissos assumidos pelo pai ficando muito tempo fora de casa.

O rapaz ficou assustado ao ver os dois e logo deu sua opinião a respeito do que estava vendo:

– Eu sabia que o senhor tinha um caso novo, mas jamais imaginei que fosse com Verinha.

– Sim, tenho um compromisso, não um caso com Verinha, e você daqui para frente trate de recebê-la como se fosse sua mãe.

– Minha mãe? Mais se parece minha irmã. Lá no posto de gasolina já comentam que o senhor pegou uma menina para criar.

– Cala essa boca moleque, sua mãe foi embora porque quis. Encerrou a conversa levando a esposa para o quarto.

Com o passar dos dias, Pedro notou que Verinha ainda lhe atraía e fazia divagações a respeito de sua madrasta e de seu pai:

– Não sei o que deu nela para tomar uma decisão tão séria sem pensar. Acho que ela não sabe que é uma pessoa especial, tão pouco deve saber que meu pai é astucioso, mentiroso e não sossega enquanto não destrói a reputação e a dignidade das mulheres que lhe aceitam e também daquelas que o rejeitam. É uma maldição na vida delas e não tem quem o enfrente, nem o faça agir diferente. Eu já usei todo meu respeito por ele, mas sempre que renovo se esgota em pouco tempo. Não há nele o menor senso crítico e pudor, e sempre faz o que seus instintos mandam...

Verinha ficava inquieta com a presença do enteado e, como já era de se esperar, certa feita Aguiar saiu para uma viagem de dois dias. Costumava levar sua esposa, mas não aguentou as piadas que seus colegas faziam com o caso, e resolveu deixá-la em casa. No primeiro dia de sua ausência, depois do jantar, enteado e madrasta trocavam olhares até que saiu dali um beijo ardente. Os dois inevitavelmente se entregaram a uma antiga paixão.

Passados alguns dias era noite quando Aguiar chegou de uma viagem enfadonha, disse qualquer coisa à esposa e foi dormir. Oportunista, Verinha foi até o quarto do enteado ficando os dois ali muito tempo totalmente rendidos à loucura e por um descuido deixaram um objeto cair acordando Aguiar. Assustado, saiu à procura de sua mulher e a encontrou no quarto ao lado beijando seu filho. Ao vê-los deu um grito e depois silenciou paralisado, tamanho o choque. Aguiar perdeu a fala e mais tarde ficou com um lado paralisado e torto, inclusive a boca que quase chegava à orelha. O homem ficou irreconhecível.

Mudo e impossibilitado de andar, experimentava em sua própria casa a tormenta emocional em forçoso silêncio. Pedro e sua madrasta perderam o pudor, o respeito e, um mês depois do acontecido, Verinha estava grávida do enteado. Quando soube, Aguiar estrebuchou em sua cadeira de rodas, balançou-se, gemeu e não teve outra saída a não ser vazar todo seu ódio e indignação através de uma baba fétida que lhe deixou úmido durante todo o dia; estava inconsolável e por muito tempo gemeu profundo esvaziando-se dos seus tormentos. Mais tarde se acalmou vencido pela situação.

Enteado e madrasta dormiam juntos e de manhã deixavam Aguiar "tostando" ao sol. Verinha vomitava com o cheiro do doente mal lavado e Pedro estava irreconhecível: não saía mais com os amigos, nem ia à igreja; sua antiga namorada apareceu por lá, mas Verinha tratou de fazê-la desistir da próxima visita colocando-a para dar banho em seu marido.

Depois do nascimento do filho de Verinha, os dois registraram a criança em nome de Aguiar. Quando soube de mais essa aprontação da esposa, o velho enlouqueceu de vez. Além do mais, Verinha gastava o salário do marido fazendo mimos para Pedro, vivendo afinal uma história de amor à custa do seu marido e também pai do seu amante.

Pedro sabia que ele era o único a fazer justiça por todo mal que seu pai fizera à sua mãe e às demais, mas fazia isso em resignado silêncio, rogando a Deus todos os dias para que não lhe fosse também dado tamanho castigo pelos seus atos, pois não suportaria o mesmo peso do tratamento divino que seu pai estava recebendo, e refletia pesaroso:

"Desde a saída de minha mãe, nossas vidas seguiram outro rumo só por causa do orgulho de meu pai, que não aceitou uma correção da vida trazendo para dentro de casa seu próprio carrasco... Onde mais um homem com o seu passado, herdeiro e servo de uma cultura inútil repassada por gerações lavaria seus pecados a não ser em sua própria casa? Hoje, sou instrumento de resposta, mas amanhã poderei ser eu o incauto a passar pelos mesmos caminhos"...

Pedro deu um soco na mesa, negativou toda situação ordenando o infinito: – Por Deus, esta maldição termina aqui. Protege-me Senhor!

A casa e os problemas da família envelheciam junto com Aguiar, mas toda aquela energia negra alimentada por um homem hospedeiro do egoísmo, da lascívia e da insensatez aos poucos foi se dissolvendo com ele. Agora, bem velho e dominado, não lhe resta mais nada a não ser esperar uma morte digna.

Comentários

Não faz muito tempo (se considerarmos a existência humana), que as crianças ganharam um plano de acolhida e proteção dentro da família de acordo com sua própria idade, pois antes elas eram consideradas como pequenos adultos e participavam do trabalho e de todas as atividades direcionadas para os adultos.

O modo como eram inseridas no meio social se dava de forma abrupta e desumanizada, nesse contexto os adultos não tinham muita sensibilidade no trato com as crianças e estas aos poucos se tornavam instintivamente independentes, sem freio, pudor nem limites.

Lamentavelmente, em muitas localidades Brasil afora, ainda existe resquício desse período, pois muitas crianças ainda não são respeitadas, nem são inseridas em um plano de desenvolvimento psicossocial e, bem cedo, iniciam sua vida sexual antecipando etapas importantes para que se tornem adultos saudáveis em seus relacionamentos, tornando-se, portanto, pessoas vulneráveis à nossa fragilidade social.

Os abusos cometidos por esse personagem beiram o exagero, mas ele não é de todo invenção, pois sabemos que muitas mulheres sofrem ao lado de homens com educação moral precária que, depois de casados, não sabem diferenciar a nova situação da vida de solteiro, revelando que o casamento não é o bastante para frear esse comportamento.

Isso é um hábito recorrente entre nós brasileiros, e hoje temos como resultado uma superpopulação de filhos sem pais, adultos com alto nível de comprometimento emocional e pessoas fracassadas em seus relacionamentos que, certamente, desafiarão as regras morais para preencher o vazio que esse comprometimento provoca.

Aguiar faz o tipo arrogante, promíscuo, insensato, egocêntrico, além do tradicional infiel, mas exigia fidelidade e comprometimento de sua esposa, que era a base de sua segurança viril e moral, porém sua estrutura ruiu quando ela rejeitou a responsabilidade da guarda moral da família enquanto ele pouco fazia pelo seu próprio casamento.

Aguiar escolheu como substituta de sua esposa uma jovem, pois queria ter sua imagem beneficiada e seu *status* machista restabelecido entre seus amigos. As preocupações dos homens que buscam o rejuvenescimento na beleza e na juventude de uma mulher não passam de fantasias, que também já se tornaram natural entre nós.

Em vários casos o que os jovens querem com alguém de mais idade é o patrocínio de sua comodidade; uma relação confortável ou fugir do crescimento natural da vida. No aspecto econômico, casamento entre pessoas com alta diferença de idade pode sobrecarregar o sistema previdenciário do país.

Entretanto, seria leviano de minha parte generalizar essa situação, pois é inegável que existem relações com alta diferença de idade que são verdadeiras e equilibradas, afinal, cada pessoa envelhece de modo particular e cada um tem um tempo próprio para se sentir velho. A velhice cronológica é somente um divisor do tempo para se dedicar às outras coisas mais próprias para a idade.

No caso de Aguiar com a jovem, não havia um tempo biológico compatível, pois ela não havia passado por todas as fases necessárias ao seu amadurecimento, mas não reprimiu sua natureza, pois não tinha espírito subserviente para suportar a responsabilidade que a união exigiu. E quem sabe se mais tarde não se tornou escrava da culpa?

Dicas para reconstruir sua imagem

Se você, homem ou mulher, tem um comportamento semelhante ao de Aguiar, veja se em algum momento poderá considerar estas dicas em favor de uma nova vida e de uma nova imagem:

- Procure ajuda profissional: um psicólogo, urologista, sexólogo, ajuda religiosa, qualquer um mais próximo a você;
- Evite seduzir pessoas com baixo nível de malícia, pois são crédulas, mas poderão vir a ter ódio de quem lhe enganou;
- Evite imagens pornográficas, pois elas te deixarão vulnerável;
- Evite companhias que não estão convencidas de que você deve mudar;
- Finalize possíveis namoricos com consideração e respeito, para não ser constrangido com surpresas desagradáveis;
- Cuidado para não se envolver com pessoas tão mais jovens e ser tido como o "papa-anjo" da rua tal, pois é difícil recompensá-los pelo tempo perdido com relacionamentos sem futuro;
- Participe de grupos de apoio ao seu problema;
- *Evite as cantadas de rua, no transporte coletivo, assobios lascivos, pois isso hoje pode ser considerado assédio e não paquera;*
- Faça muitos exercícios físicos e se alimente bem, mas evite comidas estimulantes;
- Não seduza mulheres casadas. Você pode provocar um trauma na vida delas e na sua, pois os maridos costumam ser ciumentos e vingativos;
- A boca fala daquilo que o coração está cheio; cuidado com o uso exagerado de palavras e gestos com conotação sexual.

Enfrente as crises com atitudes de qualidade

É comum cenas de desrespeito contra pessoas que estão em processo de recuperação como, por exemplo, um ex-alcoólatra, um ex-presidiário... Isso porque a atitude destes provavelmente deve ter trazido incômodos à família, aos amigos e quem sabe até à coletividade.

De modo geral, essa situação causa desassossego e questionamentos em pessoas sensíveis ou diretamente prejudicadas, pois a sociedade aceita tudo que você faz e até estimula, mas não tem um contrato de responsabilidade e ajuda permanente quando alguém exagera no uso de sua liberdade. Cabe a nós, portanto, impor nossos próprios limites. Veja abaixo algumas dicas para você fortalecer seu emocional e melhorar sua estratégia de recuperação:

- *Reconquistar a confiança perdida exige persistência, portanto prossiga;*
- *Siga uma rotina de atividades em prol da sua causa;*
- *Considere o fato de que muitos dos que se dispõem a ajudar alguém em fase de recuperação não têm condição para tal; portanto, não crie expectativas em relação às pessoas;*
- *Evite sobrecarregar sua família exigindo cuidados extras;*
- *Se estiver em recuperação por causa de exageros sexuais, não tente seduzir parentes, empregados, jamais crianças;*
- *Não seja recorrente em seus erros, pois todos à sua volta podem perder o interesse pela sua causa;*
- *Respeite as recomendações médicas, familiares e religiosas;*
- *Mantenha um nível razoável de empenho em prol de sua recuperação;*
- *Nessa fase você vai precisar de esforço, determinação, boas estratégias e disciplina para superar o problema. Portanto – Avante!*

Pedro acostumou-se com um visual desacelerado durante o tempo que ficou em casa. Embora sua atenção estivesse toda voltada para o problema que enfrentava, manteve seu guarda-roupa jovem e atualizado.

3 Homana

Praticando autossabotagem

Homana é uma mulher exuberante, mas é de origem humilde, não aceita esse detalhe familiar, e costuma constranger seus pais por não terem tido desempenho financeiro compatível com suas aspirações. Ela já passou por um casamento conturbado e atualmente está enfrentando a nova realidade da sua segunda e recente separação, contudo, aparentemente, não existe nada que fuja à normalidade em sua vida, mas ela é um contraste na dinâmica familiar, tendo em vista sua ambição desmedida.

Em seu local de trabalho é chefe de equipe e escolhe seus colaboradores pela capacidade que eles têm de acatar suas ordens sem questioná-la. Seu departamento pode não estar muito bem no desempenho geral da empresa, entretanto, se eles forem coniventes com seus interesses, para ela está tudo bem, pois não tem comprometimento profissional.

Sua pergunta ou dúvida costumeira em qualquer situação é: "qual o custo-benefício?". Em busca do benefício, transita com desenvoltura entre as salas, mas pouco fica na sua própria. Ela faz acordos, convites e dá o relatório da vida de metade do efetivo de sua repartição, vez por outra usa sua posição para assediar moralmente os homens e quem a conhece bem muda de caminho quando lhe vê, mas é ela quem vai atrás e se refaz socialmente, a fim de ter o controle das pessoas a sua volta.

Seu primeiro marido lhe dava muitos presentes, todos escolhidos por ela: joias, carros, viagens... Para as jovens do seu departamento, dizia sempre:

– Um homem mostra que valoriza uma mulher lhe oferecendo muitas coisas, mesmo que ela não o retribua em nada. É mais ou menos uma troca: eu sou a vaidade dele, mas necessariamente ele não precisa ser a minha. Era com esse tipo de conversa e atitudes que enganava muitas horas do dia em seu local de trabalho.

O primeiro marido a deixou por não conseguir bancar sua necessidade de interação social, pois se sentia sufocado com tantos almoços, jantares e muitos encontros que ela articulava para aumentar sua lista de amigos poderosos.

Mal conhecia uma pessoa e já se derretia em gracejos com palavras, caras e mimos pessoais à custa de exigências palacianas que fazia à empregada da casa para que preparasse a comida favorita do novo amigo(a), mas em pouco tempo lhe fazia muitos pedidos.

A pessoa recém-chegada à vida social de Homana se sentia constrangida em não lhe atender, tamanha sua "solicitude", entretanto, quando era frustrada em suas intenções, fazia um X em cima do nome de seu desafeto e dizia para uma amiga cúmplice em suas armações que a pessoa tal não lhe valera o investimento e, costumeiramente, se punha a denegrir a imagem da pessoa, telefonando para um e outro, semeando maldades e quando se decepcionava, dependendo do caso, articulava um processo judicial contra seu desafeto, mas nunca saía da relação no prejuízo. Assim manipulava todos, inclusive seus amigos.

O segundo marido não suportou vê-la ser cortejada por homens sem inteligência moral a quem ela dava toda atenção e pediu a separação. A casa que lhe coube depois desta, precisava de reparos e ao sentir necessidade escolheu entre seus admiradores um que tivesse batuta suficiente para financiar uma reforma, – partindo com tudo para cima do rapaz.

O escolhido foi Alex. Ele nem desconfiou que todo aquele teatro fosse só interesse material e se envolveu emocionalmente, em pouco tempo era o patrocinador oficial do novo projeto de reforma da casa de sua namorada que, entre uma compra e outra, lhe fazia mimos, mas era só o homem virar a esquina que dizia para si mesma:

– Tolinho.

Márcia, sua colega de trabalho, também foi uma de suas amigas; durante algum tempo saiam, faziam cursos, viajavam e, às vezes, se atropelavam com o mesmo pretendente, mas sempre levava a pior.

Certa feita, as duas conheceram um moço rico e de boa aparência, que gostou de Márcia. Mas Homana logo tratou de resolver a situação.

– Ora essa, "onde já se viu ser preterida por essa sem graça?". Visivelmente se considerava superior em tudo e, no caso de qualquer disputa entre as duas, era ganho certo.

Passou a noite em claro depois de terminar propositalmente com Alex a fim de preparar a ambientação para a nova conquista – pois percebera que as economias deste estavam minguando.

No dia seguinte, ligou para Márcia para sondar seu interesse pelo amigo comum.

– Márcia, como vai? Pois é menina, o Alex ontem me deu um fora, mas vamos sair hoje à noite para jantar? Se você não quiser ir apenas comigo, leva aquele bonitão, só assim teremos um pouco de novidade, fala para ele levar um amigo.

Durante o jantar, Homana deu uma de triste recostando sua cabeça no ombro do pretendente de Márcia ignorando totalmente sua amiga, mas ao se dar conta do ridículo, levantou-se, foi ao banheiro, refez a maquiagem e quando voltou para a mesa, pediu licença e foi embora.

Insistentemente, no dia seguinte, ligou para Márcia e se desculpou, mas seu objetivo era saber do já namorado de Márcia que não deu a mínima para o pedido e ainda deu um beijo apaixonado na namorada; deixando a outra azul de ódio quando soube do nível de intimidade entre eles.

O casal parecia feliz e estavam sempre juntos. Certa feita, Homana ouviu Márcia marcar um encontro com o namorado e, antes que ela chegasse ao local, sua rival já estava lá. Sem nenhuma explicação, fingindo inocência, beijou Caio na frente de todos – inclusive de Márcia, que chegava ao local, pois sua intenção era separar os dois.

Márcia se aproximou, mas em seguida foi embora. O rapaz saiu atrás da namorada, porém como ela conhecia bem o temperamento de sua rival, sabia que não daria sossego aos dois enquanto ela não extraísse de Caio todo o montante necessário para financiar seu projeto, e disse ao namorado:

– Decida com qual das duas você quer ficar e depois nos avise.

A moça saiu transtornada, deixando o espaço livre para sua rival. Entretanto o rapaz ficou indignado e repreendeu Homana:

– Não gostei do que fez, isso foi muito sujo. Percebi sua intenção desde aquele jantar em que você derramava "lágrimas de crocodilo"...

Só quero te avisar que meu interesse é por Márcia, não por você. A intrusa revidou, chamou o rapaz de cobras e lagartos, mas saiu. Márcia que fingiu ter ido embora, permanecia no local conferindo a reação de Caio frente à situação. Felizmente percebeu que o namorado era vítima das armações da falsa amiga e saiu ao seu encontro.

– Desculpe Caio, fiquei descontrolada ao ver aquela cena. Afinal quem você escolheu?

– Adivinha?

Tempos depois do acontecido, as duas já não se falavam, contudo, Homana não se conformava com o abandono de Márcia, pois perdera a confidente e, entre outras coisas, os muitos favores que a ex-amiga lhe prestava; além disso, diariamente a insultava com mensagens humilhantes e piadas. Márcia suportava calada, entretanto, um dia resolveu tomar uma atitude. Refletiu bem e escreveu uma carta para sua rival dizendo-lhe sobre o que estava sentindo com toda situação:

Olá Homana, como vai?

Percebo que seu comportamento comigo mudou consideravelmente para pior. Na verdade você nunca me tratou bem, mas ultimamente está insuportável. Afastei-me de você para ter sossego, coisa que há muito não tinha, pois eu vivia para te acompanhar em festas e dar seus recados. Sobre o Caio: ele desaprova suas atitudes. Portanto, você mesma se exclui da vida dele.

Como você é muito dada a juntar coisas; sugiro que, para o futuro, planeje seu funeral ao modo dos faraós: faça um túmulo bem grande para caber tudo que você buscou nesta vida; melhor dizendo: peça para que te enterrem em sua própria casa, junto com seus pertences, pois ao que tudo indica você acha que precisará deles para comprar sua entrada no além.

Calma! Isso é só uma crítica à sua ganância, portanto nem pense em me processar, pois não se trata de ameaça. Afinal processar os outros já virou costume para você. E por falar nisso, aquela jovem a qual você vivia explorando, mas quando ela te deu um basta, você ficou com cara de gente fina ofendida e lhe processou, usando para isso seus amigos. Pois bem! Ela vai se casar com Alex. Um aviso: Cuidado com essa mania de banalizar a justiça contra pessoas inocentes, pois isso pode se voltar não só contra você, mas também trazer maldições para o nosso povo. Pare de corromper a justiça, portanto.

Se eu fosse enumerar todas suas atitudes sabotadoras nesta carta, não terminaria hoje, entretanto, só quero te avisar que Antônio, seu ex-diretor, leu esta carta e concorda em tudo com o que eu te digo – afinal você também o vitimou, fazendo-lhe tanta chantagem que ele não teve como te negar o cargo que você ocupa, não por competência, mas por chantagem mesmo.

Para finalizar, quero te dizer que eu e o Caio em breve nos casaremos. O convite vai anexo a esta, e não adianta pedir ajuda pro além com sua religiosidade obscura nos rogando pragas, pois não vai adiantar: minha união é abençoada por Deus.

No dia seguinte, Márcia encontrou Alex no corredor de acesso ao restaurante da empresa e este lhe informou sobre o processo que abriu contra sua ex-namorada para reaver o dinheiro que fora usado na reforma da casa que, hoje, ela mora com outro.

Depois da lua mel, quando retornou ao trabalho, Márcia estava feliz, entretanto percebeu que Homana estava envelhecida e abatida. Discretamente Márcia se aproximou da ex-amiga no restaurante da empresa e disse lhe: você vai se recuperar, mas tudo isso foi necessário para seu próprio crescimento.

Comentários

Este caso nos mostra os aspectos da vida pessoal, emocional e profissional de uma mulher que não faz distinção entre uma coisa e outra; não tem ética para conduzir sua própria vida nem sua carreira profissional.

Lamentavelmente, muitas mulheres, depois que conquistam altas posições no mundo corporativo, adquirem também um comportamento masculinizado em relação a sua vida pessoal e até assediam ou perseguem pessoas de posições inferiores para garantirem companhia. Isso é o lado escuro de muitas mulheres quando estas detêm o poder, mas a grande vítima dessa atitude são elas próprias que brincam com seu valor e sua dignidade. Cuidado com sua carreira e sua imagem!

A disputa entre as duas colegas pelo mesmo homem – embora ele já tivesse decidido com quem ficaria – é comum entre amigas que frequentam os mesmos locais. Já vi situações que elas quase se matam uma à outra; tornam-se arquirrivais e, não aceitam qualquer informação que traga desequilíbrio à futura relação, entretanto, se uma mulher está sendo cortejada por dois homens, normalmente um deles porá um fim à disputa com um toque de soberba moral em quem está flertando com os dois, pois eles protegem a honra um do outro, porém muitas mulheres se enfrentam e até destroem a reputação da outra para se sentirem vencedoras.

Nestes casos, as mulheres não devem permitir que um homem paquere duas ao mesmo tempo no mesmo ambiente violentando o emocional destas – é melhor evidenciar quem está abusando da situação a ter que interromper a amizade, pois boas amigas são melhores que namorados infiéis.

Ela usa bem o eufemismo, a perfumaria social e outros artifícios em sua estratégia social, entretanto, tem o hábito de subestimar a percepção das pessoas, fazendo-as de escadas para subir na vida. Mas nem todos de quem ela se aproxima sabem disso, e um ou outro cai em suas armadilhas, anexando à imagem da dama perfeita à de alpinista tal qual uma "lagartixa social", que sobe na vida pelas construções alheias.

Amedrontar e perseguir seus desafetos. Se considerarmos o número de pessoas que sofrem assédio moral e/ou *bullying,* podemos dizer que estamos vivendo uma epidemia de maus tratos aos colegas de trabalho, de igreja, do clube social, das escolas, entre outros.

Esse comportamento tem raiz no preconceito, no egoísmo, na falta de limite social, no narcisismo, na insatisfação pessoal, na falta de educação emocional, e muito no etnocentrismo. Se isso não for esclarecido para os jovens quando eles derem os primeiros sinais de que são vítimas ou de que são agressores, podemos permitir e alimentar uma cultura de banalização contra a vida humana.

Longe de se tornar um discurso moralista. O que quero enfatizar com esse exemplo de comportamento é que podemos chegar a uma situação na qual o ser humano perde o equilíbrio psicológico e passa a ver os seus semelhantes como meros profanadores das relações humanas. As relações profissionais não podem ser excludentes, autoritárias, tão pouco exploratórias, mas devemos vê-las como um desafio que não se rende a um tipo de vida tribal ou de gueto profissional.

Os casamentos da personagem nos mostram que já podemos considerar descartáveis as uniões que se estabeleceram em nome de interesses materiais e conceitos duvidosos, pois estruturas como essas dão margem para usar um ao outro em jogos de interesses; destruir a qualidade de vida dos envolvidos além de sobrecarregar o emocional destes.

Muitos brasileiros, quando se separam, voltam para a casa de seus pais levando além dos filhos as marcas de um relacionamento que não deu certo, evidenciando que nossa tolerância afetiva anda por um fio, pois nunca na história do Brasil o "quartinho dos fundos" foi tão disputado por pessoas que abandonaram seus casamentos. Isso é quase uma declaração da má qualidade da educação emocional. Sem que percebam, a casa dos pais vira uma espécie de assistência técnica na qual precisam ser reparados os erros de configuração para que sejam aceitos novamente em outra relação.

Alta expectativa de recompensa material. Há quem diga que o comportamento da personagem é um produto do capitalismo e da criação moderna que os filhos recebem hoje: muitos presentes e pouca presença, pois nada preenche seu vazio material. Supõe-se com isso que seu objetivo de vida é fazer parte da classe A, tendo em vista sua insistente busca pela companhia de pessoas com alto poder financeiro.

Particularmente considero essa classe um estado de espírito. Entretanto, os que a ela pertencem no sentindo material, deduz-se que são pessoas cuja formação e personalidade lhes permitem valorizar a acolhida na casa de um pescador, bem como ter desenvoltura e elegância para interagir sem barreiras com pessoas em todos os níveis da pirâmide social. Nesse contexto, entretanto, é comum se gerar uma relação comensal nem sempre positiva para quem necessita, em contrapartida, neutralidade para a outra parte.

Temos também uma demonstração do baixo senso moral da personagem. Lembre-se que, depois de ter sido servida com o favor de outra pessoa, ela criou uma situação de intriga para justificar um processo judicial contra sua benfeitora. Essa atitude se tornou um hábito grosseiro, de extrema má-fé que desencoraja pessoas com vocação para a solidariedade. Definitivamente, isso é um estranho costume dessa geração que precisa ser abandonado.

Venda suas habilidades como um profissional atualizado e comprometido

Diz-se que o contexto profissional atual está descaracterizado devido às mudanças produzidas no meio organizacional, que colocaram em crise muitos conceitos da administração tradicional, tornando-os ultrapassados sob as novas necessidades da gestão moderna, portanto exigindo mudança no perfil dos gestores para enfrentar os desafios deste momento.

Esse perfil busca pessoas com ideias renovadas que sabem manejar e formular estratégias inovadoras de vendas, recursos humanos, marketing, finanças, comunicação assertiva e espírito negociador, pois na gerência contemporânea se negocia tudo com todos. Analise estas dicas baseadas no pensamento administrativo da atualidade.

- *Faça cursos de atualização, renove seu vocabulário e sua imagem profissional;*
- *As funções gerenciais devem se desenvolver em um ambiente negociador;*
- *Estabeleça um cenário e pratique a "teoria da imprevisibilidade": gaste tempo pensando em um plano "B" para sua empresa e sua vida profissional;*
- *Gerencie os conflitos com ousadia e criatividade, não adie o prazo para resolvê-los;*
- *Evite chantagear seus colegas; isso é desleal, além de pôr em risco seu emprego e sua carreira, todavia crie uma barreira para que a corrupção e a desonestidade não tenham passagem através de você;*
- *Resista à tentação de bajular o chefe e tratá-lo com falsa solicitude para conseguir melhores posições e garantias, mas trate-o com respeito;*
- *Evite fofocas, intrigas, guerrilhas, motins, disputas religiosas; para não comprometer o equilíbrio emocional da equipe;*

- *Controle a soberba e arrogância, não intimide seus colegas, pois você pode ficar isolado(a) e sem retaguarda;*
- *Humanize o clima da empresa para evitar crises de pânico, depressão, sudorese, só de pensar em compartilhar o ambiente com os colegas;*
- *Faça um mutirão para organizar o setor que mais demanda reclamações, pois isso atrasa o rendimento geral da empresa;*
- *Controle seu tempo pessoal na internet, evite o envio de mensagens com tema erótico, racista, fofocas e outros do gênero;*
- *Evite falar, comer e beber excessivamente quando estiver na companhia de outros fechando um contrato;*
- *Procure saber mais sobre o código de ética da empresa e aja de acordo;*
- *Mulheres, não se sintam pressionadas em ir para uma entrevista de emprego com a raiz do cabelo pintado para ganhar créditos com o entrevistador, pois quem está desempregado nem sempre tem dinheiro para manter o visual impecável. Isso é coisa de sociedade com poucas vagas de trabalho. Entrevistador profissional escolhe seus colaboradores sob outra visão, todavia procure estar higienizado, use roupa confortável evitando exageros e modismos;*
- *Quando não for possível desembaraçar o pedido de um cliente, não se esconda. Simplesmente defina o quanto antes a situação dele;*
- *Há empresas que parecem abandonadas por seus colaboradores, nas quais um cliente pouco insistente não consegue sair da fase do orçamento. Uma revisão nesse quadro é necessária para dar novo ânimo e motivação à equipe;*
- *Pessoas que demonstram atitudes de qualidade terão muito mais facilidade de adaptação no ambiente da empresa, procure não se deixar envenenar com atitudes negativas nem siga este fluxo;*
- *Atualmente, há muita gente de origem humilde com altos salários migrando para posições superiores na pirâmide. Entretanto, é difícil encontrar profissionais no mercado com sensibilidade e discernimento para atendê-los. Em uma sociedade capitalista, o potencial de compra não é privilégio da tradicional classe alta e média; é preciso estar atento às mudanças socioeconômicas;*

- *Profissionais de vendas, saúde, segurança, publicidade, entre outros precisam interagir com a população, difundir boas culturas e se ligar nas mudanças cotidianas.*

Muito bem!

Pense e aumente seus acertos na escolha de uma namorada ou esposa

Alex passou por um momento de ansiedade na companhia de Homana por não ter tido discernimento para entender suas intenções. Homens bem-sucedidos querem mostrar isso também por meio de uma esposa bela e compatível com suas posses.

Entretanto, o grande perigo nessa procura reside nas leituras fáceis que se faz a partir do conceito de beleza e de paixões tentadoras, portanto seja ponderado, pois também existem relacionamentos possíveis duradouros, equilibrados e felizes baseados na responsabilidade, no respeito, na simpatia, no cuidado e admiração mútua. Considere estas sugestões para aumentar sua estratégia de escolha a partir de detalhes que podem definir o rumo de sua relação:

- *Não escolha uma namorada ou esposa como quem escolhe uma parceira profissional, mas é importante verificar o interesse que ela tem em apoiar e respeitar seus projetos profissionais;*
- *Na dúvida, qual você prefere? Uma linda, para dar um toque de valor à sua imagem ou uma que não é o que você imagina como bela, mas te agrada em quase tudo? Neste caso, se houver necessidade poderá fazer um investimento em beleza, cultura, etiqueta;*
- *Atenção para o grau de exigência, ansiedade e ambição da escolhida, pois poderá se estabelecer uma relação de comando: ela manda e você obedece;*
- *Evite pensar em casamento quando estiver com sintomas de paixão obsessiva, indeciso e ou contra vontade de todos. Calma!*

- *Aquela que não lhe oferece dois minutos de cumplicidade te deixando de "saia justa" em muitas situações, pode não ser boa companheira de caminhada. (Me refiro a uma cumplicidade legal);*
- *Escolha uma mulher que respeite sua insegurança diante da vida, pois é primeiramente com ela que você terá de se reanimar;*
- *É necessário que ela o deseje, pois muito disso depende sua autoestima e seu bem-estar emocional;*
- Se não encontrar ninguém do seu interesse na cidade onde você mora, viaje, conheça outras culturas e outras mulheres – claro!
- *"Desligue o contato" com aquela que o fará ouvinte involuntário de suas fantasias, que nem sempre são sobre "aquilo," mas sobre seus medos, sobrevivência...*
- *Considere a possibilidade de se unir a uma mulher decidida, que lhe pediu em casamento, avisando-lhe que em sua vida há espaço para você; responsabilidade é coisa boa;*
- *Aquela que não tem estrutura para ajudá-lo a sair de um vício, de um processo judicial, de uma doença ou de algo que acontece com os mortais pode ser boa pessoa, mas é frágil. E pode acontecer de você ter sempre que bancar o protetor. Cuidado, pois o casamento exige revezamento;*
- *"Desligue seu motor" para quem não tem vida própria;*
- *"Ligue seus faróis" para uma decidida com espírito alegre que lhe "rapte" quando você está estressado e o leva a lugares que você não conhecia;*
- *Aquela com inteligência moral que joga limpo em tudo, ao encontrá-la, sejam compatíveis;*
- *Também têm aquelas que desenvolvem seus relacionamentos baseados no companheirismo e gosta de crianças;*
- *As mulheres sempre vão procurar o príncipe encantado, e os homens sempre vão procurar as princesas virginais. Então se comporte como um príncipe e você terá direito a uma princesa virginal. Claro!*

Para você refletir:

As relações afetivas contemporâneas mudaram seus conceitos e seus objetivos. Duas pessoas de igual valor buscam encontrar uma na outra, alegria, bem-estar, cumplicidade, respeito à individualidade, prazer na companhia, harmonia, paz de espírito, perdão, companheirismo...

Os amantes de hoje rejeitam e até abandonam as relações sacrificiais baseadas em renúncias extremas, opressão, necessidade de sobrevivência, dominação, exploração financeira, moral e falta de respeito.

Márcia era modesta, mas conseguiu ganhar a disputa pelo coração de Caio. Veja seu estilo.

4 Edson, Rute e seu filho Rudson

Cresça junto com seus pais

Edson e Rute têm um filho chamado Rudson. Seu nome é resultado da junção dos nomes do casal, pois eles acreditavam que ficariam ligados para sempre através do filho. O menino nasceu em um lugar simples com infra estrutura precária, mas era muito amado por todos os vizinhos.

Edson, seu pai, é um pedreiro que ainda jovem migrou do interior para uma grande cidade fugindo da falta de oportunidade que castigava seu local de nascimento; Rute, sua mãe, também foi morar na cidade grande em busca de melhoria, e nesta cidade conheceu Edson, que hoje é seu marido.

Ela é uma mulher de personalidade forte, mas tem traços físicos delicados. Edson tem aparência castigada pela vida dura que leva, contudo é um homem bonito, de porte elegante e tem espírito de liderança. Os dois são muito queridos no lugar onde residem, pois Edson é um tipo de protetor dos seus amigos e vizinhos.

No seu local de trabalho é o responsável por uma equipe altamente produtiva, mas seu salário é incompatível com suas responsabilidades. Certo dia, consciente de que não seria recompensado pelo seu esforço, conversou com Rute sobre sua decisão de trabalhar por conta própria.

Ele que, além de bom pedreiro, era bom vendedor, sendo assim foi em busca de clientes, e já no terceiro orçamento fechou um rentável negócio. Tratava-se da construção de um prédio de seis andares com previsão de término em dezoito meses. Mas Edson e seus colegas demonstraram profissionalismo no cumprimento do contrato concluindo todo projeto antes do prazo previsto, assim, economizando tempo e dinheiro para o dono da obra.

Seu cliente, satisfeito com essa demonstração de responsabilidade, ofereceu uma gratificação generosa para toda equipe. A parte que coube a Edson foi entregue nas mãos de Rute, que não pensou duas vezes e tratou de encurtar os caminhos do marido, pois levantava de madrugada para ir trabalhar. Rute procurou uma casa cuja localização permitisse fácil acesso aos deslocamentos de Edson, encontrando uma abandonada, com sujeira e mato saindo muro afora e o piso da piscina impregnado pelo lodo acumulado.

O imóvel era simples, mas em relação ao anterior era muito bom e o novo endereço atendia às necessidades do casal no item transporte, pois diminuiu a distância percorrida por Edson em quase duas horas de viagem por dia.

Depois do negócio fechado, agradeceram a Deus e, entusiasmados, passaram todo final de semana limpando sua nova moradia, enquanto Rudson dormia em seu carrinho alheio a trabalheira. À medida que iam cortando o mato, escovando as paredes dos banheiros e alvejando a pia da cozinha, perceberam que só mesmo por um milagre haviam conseguido comprar um tesouro escondido na sujeira. Os vizinhos ficaram impressionados com a transformação da velha casa abandonada que eles próprios tinham medo de passar por perto.

A mudança para o novo endereço durou todo o final de semana, mas Rute não decepcionou: contratou um churrasqueiro e comandava a comemoração enquanto Edson e mais dois amigos, entre um gole e outro, montavam os armários, os chuveiros, as camas...

A primeira semana na casa nova foi de muita alegria. Os dois não acreditavam que estavam morando ali, com espaço, ventilação e uma piscina que foi o grande achado de Rudson. Rute que agora podia ter seu amor de volta duas horas mais cedo não escondia seu contentamento, e nessa dinâmica os ex-vizinhos queriam conhecer a nova residência do casal.

Era um domingo de sol, os dois faziam ajustes na casa, quando chegou uma turma gritando: surpresa! O casal não teve tempo de organizar uma visita guiada, pois foram entrando, abrindo porta, armários, riam, elogiavam, faziam todo tipo de comentários, até que finalmente se reuniram à beira da piscina.

As crianças que vieram na caravana não saiam de lá; comiam, pulavam, gritavam, mas nada disso abalava a segurança emocional do casal. Quando os "convidados" se viam cansados, voltavam para suas casas, mas em poucos dias retornavam para mais um fim de semana com o casal. Rute passava a segunda-feira colocando a casa em ordem, contudo, por mais que fizesse, sempre tinha alguém que saía falando mal:

– Você viu? Nem parece a mesma, está educadinha demais para o meu gosto.

Todo ano Rute fazia uma festa de aniversário para Rudinho, que era como o menino estava sendo chamado pelos amigos. Nesse, compareceu muita gente sem ser convidada. Abusando da receptividade do casal, muitos convidados demonstravam exageros em seu comportamento: Os rapazes gritavam na rua, as garotas riam alto, contudo as mães não diziam nada, pareciam desvalorizar a acolhida dos anfitriões.

No dia seguinte, enquanto limpavam tudo, Edson desabafou com Rute sobre o que estava sentindo com toda aquela situação, pois se decepcionou com o resultado do último encontro e também não entendia porque só ele fazia convites para festas, além de bancar o assistente social arrumando emprego para um, pacificando a briga de outros; mas ninguém os convidava para atividade alguma.

Rute ouviu o desabafo do marido em silêncio e no dia seguinte tomou providências: foi conhecer o antigo centro da cidade, pois Edson muito já lhe falara sobre o local. Durante a visita olhou, perguntou, fez cálculos e depois da pesquisa tinha uma solução que mudaria definitivamente a vida do casal.

À noite, depois do jantar, Rute convidou o marido para uma conversa decisiva:

– Escuta Edson: quero sair deste bairro.

O marido tomou um susto, mas logo quis saber o motivo.

– Ano que vem, Rudinho vai estudar e eu quero que seja em uma escola melhor do que esta que temos aqui. Já vi o preço deste apartamento. Com a venda da nossa casa e as economias que temos, podemos pagá-lo.

O trabalho de Edson fazia muito sucesso e sempre recebia mais dinheiro do que sua família necessitava.

Tratava-se de um apartamento antigo de dois quartos, mas no prédio havia outros com três e quatro dormitórios, além de várias coberturas. Era uma construção de luxo, mas desvalorizada em função da modernidade oferecida pelas construções mais novas.

Algum tempo depois o negócio estava fechado. Desta vez fizeram a mudança sem muita divulgação e só depois de uma semana é que avisaram para os amigos, que acharam um absurdo trocar uma casa tão grande por um "aperto" daqueles.

João e Laura, seus ex-vizinhos, resolveram aparecer na nova moradia em um domingo. Usavam roupas apertadas com cores vivas, riam muito, falavam alto, causando impacto em uma moradora idosa que olhava para eles se perguntando de onde teriam saído os dois.

Em contato com a nova realidade do casal, como de costume, foram abusivos com a generosidade deles: abriram geladeira, sapecaram carne, deixando o apartamento cheio de fumaça, além de beber tudo que viam pela frente. Enquanto as visitas se divertiam, Edson falava ao telefone, acertando detalhes de uma compra que faria no dia seguinte, mas entre uma ligação e outra dava atenção ao João, que mais se importava com o futebol que passava na TV.

Laura deu notícias dos ex-vizinhos, mas era visível a decepção da amiga em relação à nova situação do casal, que para ela era inferior a de antes, pois estavam morando em um lugar pequeno, sem piscina, e pareciam pouco felizes.

Quando anunciaram a volta para casa, Edson os levou até a parada de ônibus; ao se despedir, agradeceu a visita enviando lembranças para todos. No trajeto para casa, Laura, desperta de sua falta de compromisso com seu próprio desenvolvimento, pergunta ao marido:

– Por que nós dois não nos concentramos em construir nossa própria casa como eles? Eles estão certos, pois são muito esforçados e trabalhadores, mas nós somos desorganizados e pouco produtivos e, por isso, não crescemos.

Durante a viagem ela fazia comparações entre o casal e eles. João passou o resto do dia reflexivo. Um ano depois, conseguiram melhorar significativamente em muitos aspectos e abandonaram o hábito de festejar antes das conquistas.

Passados vários anos, o casal agora mora em uma cobertura no mesmo prédio. Depois da compra, deixaram-na moderna e sofisticada. Rute e Edson voltaram a estudar, hoje ele é engenheiro, ela é decoradora e trabalham juntos. O bom gosto e presteza de Rute são compatíveis com o profissionalismo de Edson, que agora é um próspero empresário da construção civil e tem muitos empregados sob seu comando. Rudinho é chamado de Rud pelos seus novos amigos e de Sr. Rud pelos empregados do seu pai. O rapaz, entretanto, não se dedicou aos estudos; é fanático por carros, mulheres, roupas caras, é excêntrico, exigente e consumista ao extremo.

Por insistência de Rute, ele aceitou ter aulas de etiqueta e comportamento com uma estrangeira que lhe ensinou a se comportar como um "lord em seu castelo", entre outras coisas o ensinou a ser frio e calculista, entretanto Rud se autossentenciou ao isolamento quando aceitou que ideias tão destoantes de sua realidade fossem introduzidas em sua cultura, e em um ano de estudos o moço estava irreconhecível: passou a tomar bebidas caras e, pela sua excentricidade, exigiu uma empregada exclusiva.

Seus pais não tinham tempo nem parâmetros para avaliar o que o filho estava recebendo, porém se defendiam das críticas que recebiam pelo seu comportamento dizendo que pagaram a melhor professora para lhe ensinar boas maneiras.

O quarto de Rud foi decorado por Rute, que atendeu a todas suas exigências gastando quase o preço de um apartamento só na decoração da peça. O jovem colecionava figurinhas, bonés, casacos, tênis, bolas, entradas de teatros, fotos das namoradas... O quarto parecia um supermercado, e ele ficava possesso quando alguém tocava em um de seus pertences.

As mães que conhecem o patrimônio dos pais de Rud lhe fazem muitos convites e esperam agradá-lo. Além das mães, ele também tem muita liberdade com as jovens com quem convive, mas sua grande paixão chama-se Poliana, filha de uma viúva que trabalha nas empresas de Edson.

Entretanto, a moça tem horror aos modos de Rud e certa feita, durante a festa de Natal da empresa, sapecou-lhe um tapa no rosto quando ele lhe passou uma cantada barata. Isso foi motivo de muita humilhação para ele, mas o rapaz deixou para se vingar quando fosse oportuno.

Com a vida seguindo seu curso, os hábitos sociais do casal tornaram-se muito diferentes. Os três agora viajavam para lugares elegantes, faziam suas compras em centros comerciais sofisticados, consumiam artes e mantinham obras assistenciais.

Rute está mais refinada e, como é discreta por natureza, se destaca nas reuniões sociais; veste-se como uma alta executiva. Edson, no entanto, não evoluiu muito no quesito social. Acostumara-se em sua época de dificuldade a tomar aguardente, e agora mesmo tendo condições de comprar as melhores bebidas do mundo, nos momentos de relaxamento só toma a velha e boa cachaça. Quando recebe um cliente ou um novo amigo em sua casa, aceita uma dose de uma bebida nobre, mas deixa tudo no copo, só faz cena, como diz Rud.

Em um domingo de dezembro, toca o telefone. Eram os pais de Edson. Os dois não se falavam há anos. Em dado momento, ele contratou um detetive para encontrá-los, pois agora a vida que levava era propícia para ajudá-los.

Durante a conversa, pai e filho marcaram um encontro para o Natal na casa de Edson. Dezembro, entretanto, é um mês agitado para o casal, devido aos muitos compromissos da empresa; contudo, fez questão de recebê-los. Rud ao saber da novidade já avisou que faria uma viagem com seus amigos, mas o pai lhe avisou:

– Faça uma desfeita dessas com os seus avós e eu quero ver como ficam as coisas depois.

O rapaz desistiu da viagem, mas ficou contrariado, e não largava o telefone.

Quando finalmente seus pais chegaram, a surpresa foi muito agradável. Rute ficou encantada com a aparência e a disposição dos sogros e logo comentou:

– Eu sabia que um homem lindo como meu marido só poderia ter pais igualmente lindos.

Rud falou friamente com os dois e se recolheu em mil ligações. Era um truque para se tornar invisível mesmo estando presente.

O primeiro jantar com os dois foi alegre, Rute se sentou ao lado da sogra, e ambas faziam confidências. Mais tarde, reunidos no escritório, abriram os presentes trazidos por seus pais, entre eles um embrulho bem preparado com amostras de todos os doces e quitandas que fizeram parte da infância do filho.

Naquela noite, dormiram tarde e só de manhã é que o pai viu o quanto Edson cresceu financeiramente. Tudo no apartamento era muito organizado. Rute era a esposa que eles pediram para Deus. Mas como era esperado, o casal teve de viajar, deixando Rud com seus avós. O jovem que não estava acostumado a ser útil em nada achou tudo muito estranho e ficava no quarto fingindo dormir.

Os visitantes, certo dia, resolveram sentar no escritório do casal. Enquanto o pai de Edson lia o jornal, sua mãe dava uma olhada na estante, onde se viam mais enfeites que qualquer outra coisa. Em destaque havia uma fileira de livros, todos encapados igualmente; parecia uma enciclopédia, mas eram os álbuns de aniversário de Rud. Os idosos olharam um a um e perceberam o motivo da personalidade egoísta do neto, mas antes pediram permissão para Rud, que deu de ombros deixando os dois no escritório.

Para os avós de Rud, estava claro que o neto era muito amado, mas fora criado sem limites, aí residindo à raiz do seu comportamento antissocial. Ele não estava acostumado a ceder nem oferecer nada para ninguém, mas a todo o momento era servido, recebia bajulações de clientes querendo descontos, dos empregados e dos pais que o amavam muito para importuná-lo com coisas desagradáveis... E assim cresceu o neto.

A avó terminou de folhear os álbuns e foi para a cozinha, mas o avô continuou no escritório. Ao ouvir um sinal na porta de entrada do apartamento, levantou-se para atender, mas a empregada já o fizera. Aproveitou que estava em pé e foi ao banheiro que ficava ali mesmo no escritório.

Enquanto isso, a empregada trazia a mãe de Poliana, uma viúva que trabalha na empresa de Edson, para que falasse com Rud.

– Bem, Sr. Rud, eu tentei avisar antes de vir, mas fui informada de que o senhor não atenderia as ligações da empresa. Como seu pai e o gerente de pessoal estão viajando, não tive outra escolha a não ser vir aqui.

– O que deseja, disse o rapaz, que recebeu a mulher no escritório – de pijamas, roupão, descabelado e muito mal-humorado.

– Minha filha Poliana sofreu um acidente e está em estado grave. Precisa urgentemente de uma cirurgia, e o motivo de minha visita é para lhe pedir o favor de adiantar meu salário, para eu pagar a conta do hospital.

O rapaz ficou triste com a notícia, mas preferiu se vingar de Poliana pelo constrangimento que ela o fizera passar na festa de Natal. A mãe, contudo, não sabia do que se tratava:

– Então você é a mãe daquela idiota que me envergonhou na frente de meus amigos na noite de Natal?

– Do que o senhor está falando, Sr. Rud?

– Sua filha se sentiu ofendida com minha aproximação e me esbofeteou na frente dos meus convidados. Por mim ela pode morrer, não dou a mínima para seu problema. Agora, se quiser mesmo, eu empresto o dinheiro; melhor, faço a doação em troca da companhia dela quando sair do hospital – claro, porque vaso ruim não quebra. É pegar ou largar.

A viúva saiu dali correndo, deixando a porta aberta, que foi fechada pela mãe de Edson. O avô, que estava no banheiro, ouviu tudo que Rud falara e ainda o que falou depois que ela saiu:

– Sua vadia, enquanto eu não fizer com você o que fiz com todas as outras não sossego, é só sair do hospital que eu te ajeito. Você não vai ficar fora de minha lista, ou então não me chamo Rud – falou com os punhos cerrados se deixando consumir pela soberba e sua altivez de espírito.

O velho não acreditava no que estava ouvindo, e teve uma reação instintiva diante do fato: tirou o cinto da calça e gritou com Rud que já saía do escritório. Pegou o rapaz pelo braço e deu-lhe quatro cintadas, todas com oferecimento:

– Esta é para a mulher que acabou de sair daqui humilhada feito um animal;

– Esta é por sua tentativa de destruir a dignidade de uma moça;

– Esta é por seu pai, que é um homem decente, para que você o respeite em sua ausência;

– E essa é por minha conta, seu irresponsável. Ponha sua roupa, você vai comigo para o hospital pedir desculpas por sua falta de tudo...

O avô ficou irado com a atitude do rapaz e não deixou barato. As empregadas, ao ouvirem o burburinho, davam pulinho de alegria por vê-lo ser punido.

Rud brigou com o avô, mandou os dois mocorongas irem embora, ameaçou chamar a polícia, mas o avô não se intimidou.

Resolveriam isso depois.

O velho apressou Rud para que fosse prestar socorro à Poliana. Entretanto sua mãe autorizou a cirurgia usando o cheque de um colega. Quando lhe informou o motivo do pedido, também lhe confidenciou o que Rud fizera.

O Sr. Antônio, como era conhecido, irou-se e reagiu, ligando a sirene do canteiro de obras e, pelo alto-falante, avisou do acidente da filha da colega, também lhes avisou sobre o comportamento de Rud, e convocou a todos para interromper o trabalho até que o moleque, filho do patrão, fosse se retratar com a mãe de Poliana. Em seguida foi ao hospital.

Quando avô e neto chegaram ao hospital, a moça já havia sido operada e passava bem. Junto dela, Antônio e vários empregados. Rud estranhou vê-los ali e foi ter com Antônio:

– O que faz aqui? Não deveria estar no trabalho? Antônio pegou Rud pelo colarinho e deu-lhe um puxão para cima e disse-lhe que a partir daquele dia não mais poria os pés na empresa.

O avô pediu para Antônio ser mais brando com o neto, pois já lhe havia dado um corretivo antes de sair de casa. Rud, no entanto, era só vergonha, pois raramente tinha tido contato direto com os funcionários de seu pai.

Mais tarde, avô e neto foram até a obra onde estava a maioria dos funcionários de Edson. Quando chegaram ao local, os trabalhadores estavam revoltados: um deles estava fechando a entrada principal da obra com um trator, outros espalhados estrategicamente e muita confusão.

O avô exigiu que Rud pegasse o microfone de comunicação com o canteiro de obras e convocasse uma reunião. Quando finalmente conseguiu reunir o grupo, ele tremia e usava o avô como escudo, mas o velho cruzou os braços na frente do neto e ordenou-lhe:

– Agora faça o que seu pai faria. Mas ele não tinha noção do que fazer. O avô entendeu que era demais para o jovem e pediu licença aos presentes para falar em nome de Rud.

– Bem, senhores, eu sou o pai do Edson... Eu e meu neto estamos aqui para pedir desculpas pelo ocorrido. Creio que Rud ainda não tinha conhecido as palavras amizade e responsabilidade social, coisa que vi muito presente na atitude de vocês. Podem ter certeza, se fosse comigo também protestaria, pois ninguém tem o direito de negar socorro a outro só porque não foi conivente com seus caprichos, acho que meu neto aprendeu a lição.

Eles ficaram surpresos com a atitude do ancião e o aplaudiram.

– Agradeço, mas Rud deve ser ouvido por vocês. Alguns dos presentes ironizaram a atitude de Rud; outros também desabafaram sua revolta.

Rud, finalmente com a palavra, disse:

– Lamento, fui um tolo irresponsável, quero que me desculpem. Neste momento gostaria de avisar que Poliana está bem. Ela está de parabéns por ter amigos tão leais como vocês. Outra coisa que devo dizer é que sou apaixonado por ela, mas ela me recusa, mas respeitarei suas razões até me tornar uma pessoa melhor e digno dela, pois é o que eu desejo de coração. Peço desculpas em especial a Delfina, sua mãe, pelo sofrimento e vergonha que lhe causei.

O povo se remexia, mas Rud continuou falando:

– Só um minuto, por favor! Gostaria que soubessem que também sofri na pele a dor de ser um imbecil.

Rud desabotoou a camisa e mostrou as marcas das cintadas que o avô lhe dera. Depois se pôs à porta, junto com ele a cumprimentar os funcionários, um a um.

Comentários

O caso de Rute e Edson nos fala de vários aspectos de nossa estrutura econômica e cultural: um deles é a mobilidade social, uma possibilidade responsável pela mudança na melhoria de vida dos brasileiros. Também diz sobre o setor de serviços e a relação dos pais com seus herdeiros.

Hoje o Brasil está em pleno desenvolvimento de alguns setores, mas faltam pessoas capacitadas para atender a demanda de serviços. Para minimizar esse problema, seria necessária maior atuação do Ministério e da Secretaria do Trabalho e do sistema S para viabilizar a capacitação dos brasileiros que residem na base da pirâmide, pois visivelmente não temos mão de obra qualificada para vários segmentos da economia, gerando atrasos no desenvolvimento do país.

O nome do filho do casal é um exemplar dos inúmeros nomes criados por pais apaixonados pelo seu próprio momento. Pense na criança quando crescer. Abandonem esses modismos antes que aconteça uma descaracterização nacional na identificação dos brasileiros e a gente seja confundido com árabes, americanos, alemães, extraterrestres... Evite pôr nomes de jogadores, de artistas ou juntar muitos nomes para compor o nome do seu filho.

O casal mostra também que tinha consciência das dificuldades que enfrentavam em cada fase da vida e agiam decididamente para resolvê-las. Rute, por exemplo, percebeu que, ao invés de continuar morando longe, poderia facilitar os deslocamentos do marido apenas morando em um lugar estratégico na questão transporte, além de proteger seu casamento do desgaste causado pela ausência de um dos cônjuges.

O apadrinhamento gratuito aos amigos exigia muito do casal, mas no devido tempo romperam com velhas estruturas para dar lugar a algo novo em favor do próprio desenvolvimento e conquistar outro nível na pirâmide, pois na fase seguinte, não só o trabalho, mas os estudos também faziam parte da rotina dos dois. Isso foi decisivo para consolidar suas conquistas.

Rud não teve uma educação formal apropriada e, erroneamente, eles confiaram essa responsabilidade a uma senhora estrangeira. Depois que recebeu as instruções, ficou aculturado, confuso, sentindo-se um estrangeiro em sua própria terra; antes ele precisava conhecer melhor sua cultura e suas raízes, para se sentir seguro, e não ser um analfabeto cultural, que será ignorado pelos que lhe cercam.

A história do casal não nos mostra que as visitas eram de longo prazo, entretanto, se fossem, não sei como o casal reagiria a tanta falta de bom senso. Aproveitando o assunto, nesse mesmo contexto, nas histórias sobre a migração entre as cidades brasileiras e as relações da vida privada, é comum ouvir relatos de um primo, de um cunhado, que por algum motivo dividiu a casa com outro parente. Nota-se que os acertos nessa convivência eram superiores aos da atualidade.

Atualmente, todavia, percebe-se que em geral muitas famílias têm-se recusado a participar de uma cultura de apoio aos membros e temos alimentado a ideia dos cunhados folgados, das sogras insuportáveis e dos parentes oportunistas ou não, mas que queremos contato somente à distância.

Não se sabe por que o casal fazia tanta questão de comemorar os aniversários do filho dando-lhe um tratamento para "realeza". Em casos específicos isso é bom, mas em outros é uma armadilha perigosa, pois as crianças se acostumam com esse *status* e não querem abrir mão dele, podendo se tornar insaciáveis e excessivamente exigentes na vida adulta. Às vezes é melhor educá-los como plebeus do que como príncipes de reinos desencantados e sem súditos.

Um dos erros mais comuns na educação dos filhos desta geração na opinião de muitos especialistas é o de colocá-los no topo das prioridades da família até sufocar o casal. O lugar deles é ao lado, não acima do casal. Cuidado com esse "endeusamento" dos filhos. Investiguem para saber o motivo dessa necessidade.

O pai de Edson, mesmo usando um método de correção antigo e questionável atualmente, teve participação decisiva na vida do neto ao corrigir as distorções em sua educação, inclusive as morais, que ele assimilou ao longo da vida sendo aconselhado por amigos oportunistas que satisfaziam seus caprichos em troca de dinheiro. O avô estava seguro e o resultado felizmente foi positivo.

Aqui vemos também o excessivo amor dos pais que se deixam engessar pelas exigências do filho que era indiferente a tudo a sua volta; se comportava como um parasita, mas se sentia no direito de extrair deles prestígio social, conforto e boa vida. Um toque de injustiça praticada pelos pais, pois muitos filhos não se valorizam, mas exigem que eles lhes deem cotação máxima, sequestram seus sentimentos, fazendo dos pais escravos da culpa.

Rud aprendeu algumas lições perdendo, pois não aprendeu ganhando. Herdeiro de empresa que está no comando de muitos comandados deve-se comportar com responsabilidade, conhecer o empreendimento da família e se tornar capaz de gerenciá-lo até passar o comando para a próxima geração.

Para você refletir:

Atualmente as relações entre pais e filhos passaram de um extremo ao outro, antes os pais eram decididos, mas hoje são em grande número inseguros e subservientes. Se antes eram obedecidos, hoje, rendidos à permissividade, obedecem aos filhos em suas exigências, são subjugados e até desrespeitados. Esqueceram que disciplina e senso de hierarquia são fundamentais para manter o equilíbrio nas relações familiares.

Na condição de patrocinadores das escolhas de seus filhos, lhes agradam em tudo, entretanto são menosprezados por estes que se acham mais evoluídos que os pais.

A geração de pais atual aceitou ser dominada pelos próprios filhos criando um ambiente familiar pouco confiável, pois o líder se deixou vencer. Note que a condição de pai é um empréstimo. Portanto, os pais devem devolver o título melhor do que receberam para as futuras gerações, pois o fato de sermos pais não nos dá o direito de destruir as regras, mas o dever de conservá-las.

Dicas para empreendedores

Edson deixou um emprego formal para se arriscar no complexo mundo dos negócios e, como nos mostra sua estória, ele foi bem-sucedido. Hoje existem cidades que facilitaram os registros de uma empresa, porém mesmo com as novidades contábeis que simplificam a questão tributária ainda é altíssima a carga de impostos pagos pelos brasileiros. Entretanto, ainda é o meio mais seguro para se começar como empresário. Considerem estas dicas para o caso de montar uma empresa:

- *Faça um plano de negócio estudando bem o mercado no qual deseja atuar;*
- *Legalize a abertura da empresa;*
- *O local estratégico para montá-la é o mais próximo do seu cliente;*
- *Escolha uma equipe competente; mas também invista em treinamento;*
- *Procure surpreender seus clientes com soluções criadas pela sua equipe;*
- *Atualize seus produtos e serviços;*
- *Não use de enganos para extrair mais dinheiro do cliente, evite ficar desacreditado no mercado;*
- *Procure entender sobre as tendências do seu mercado;*
- *Estabeleça metas para você e sua equipe;*
- *Não sonegue e mantenha a declaração dos seus impostos em dia;*
- *Estude casos de sucessos e aplique em sua empresa;*
- *Observe os grandes líderes do seu ramo de negócio;*
- *Pesquise os pontos fortes e fracos dos seus concorrentes; corrija seus pontos fracos;*
- *Cumpra sua parte nos acordos; evite demandas judiciais;*
- *Leia com atenção os contratos antes de assiná-los; não faça promessas que não poderá cumprir;*

- Escolha mais de um fornecedor para evitar descumprimentos de prazos;
- Mantenha contato com seu cliente mesmo depois da venda ou do serviço prestado;
- *O Brasil é o país do vício redibitório. Evite participar dessa cultura: não venda produtos com defeitos, pois isso provoca ira nos clientes;*
- O empresário deve ser um gestor ambiental, adote uma cultura de equilíbrio social no local onde a empresa está instalada e isso começa pelo pagamento dos impostos. Não ostente um estilo de vida esbanjador contrastando com o de seus funcionários.

Duas dicas: Quando sua empresa fizer uma seleção para contratar funcionários, seria respeitoso informar aos participantes sobre o resultado do processo, pois muitos candidatos até viajam de uma cidade para outra e esperam ansiosos pelo resultado, mas as empresas têm oferecido um vazio silencioso como resposta ao esforço do candidato.

A outra dica seria estabelecer uma regra de apresentação para os candidatos: a empresa poderá oferecer um jaleco branco, por exemplo, para todos vestirem antes da entrevista bem como exigir de todas as participantes que se apresentem com o cabelo preso e o rosto sem maquiagem. Dessa forma todos estariam nivelados no quesito estético e evitam-se benefícios e/ou exclusão pela aparência.

Rute sempre festejou o aniversário do filho com muito capricho, e para cada tema usava uma roupa especial. Veja parte do seu guarda-roupas de festa.

5 Mara e sua família

Vítimas da violência estrutural

Mara é a oitava filha de uma família de dez irmãos, cujos pais saíram do interior para morar na cidade grande. O casal ainda não adquiriu a tão sonhada estrutura financeira, mas durante dez anos desafiou a natureza colocando no mundo uma dezena de filhos.

A mãe de Mara é do tipo mulher sofredora, mas é pouco materna; continuamente lamenta sua sorte, mas gosta de menosprezar a boa vontade alheia e pouco se empenha para mudar a própria situação. Seu marido é do tipo homem grosseiro e, na dinâmica familiar, pouco se envolve com a criação dos filhos, pois são os irmãos quem cuidam involuntariamente uns dos outros.

As características mais marcantes dos filhos é um desafio para o casal que não sabe como orientá-los, gerando um clima tenso e pouco acolhedor no ambiente familiar.

O primeiro deles tem vinte e três anos. Por ser o que mais cuida dos seus irmãos tornou-se uma espécie de padrinho involuntário de toda família;

O segundo tem vinte e dois anos, é lascivo e arrogante;

A terceira tem vinte e um anos, é astuta e interesseira e ao extremo dinheirista;

A quarta é agressiva, mas fala pouco;

A quinta é arrogante e tem baixa estima;

O sexto é do tipo religioso fanático;

O sétimo gosta de cantar moda de viola;

A oitava é sonhadora;

A nona passa muito do seu tempo dançando;

A décima é notadamente desmotivada.

Apesar de parecerem pouco produtivos para a mãe, os filhos, no entanto, são quem fazem pequenos serviços para suprir as necessidades básicas da casa, mas nunca compram roupa, sapatos, material de higiene para uso pessoal, pois sempre que um deles recebe algum dinheiro é constrangido a suprir as necessidades do grupo, porém a qualidade das mercadorias deixa a desejar, pois eles priorizam a quantidade.

A mãe não sabe prepará-los e perde quase tudo que lhe chega às mãos, causando revolta no provedor da vez. Joaquim, seu marido, deveria ser o responsável por suprir a casa, mas não consegue fazê-lo, é orgulhoso demais para agradecer a ajuda que recebe e isso gera revolta em todos.

O tempo foi passando e alguns dos filhos começaram a se casar. Naquela localidade, o casamento era remédio para todos os males, porém na situação em que se casavam apenas repetiam o sofrimento dos pais ignorando a lógica de sua realidade, pois aumentando a família, diminuía a comida, mas isso não era impedimento e, ao se casarem, mudavam-se para outras localidades ainda mais precárias, compatível com a realidade do novo casal.

A vida seguia seu curso e Fátima finalmente teve uma boa notícia: seu marido conseguiu trabalho. Era o primeiro após anos de casado. O salário era mínimo, mas para eles era o máximo poder contar com a quantia fixa todo mês. A notícia de que o pai estava empregado renovou os ânimos do grupo, e os filhos que se haviam afastado voltaram para próximo do casal, pois também buscavam emprego.

Passaram-se vários anos e, dos cinco irmãos mais novos, mais dois haviam-se casado. Mas para Fátima ainda era um peso ter as filhas sob sua responsabilidade. Já não aguentava ter de suprir suas próprias necessidades, agora também dos netos e ainda das três solteiras.

Em um dia de fadiga e fúria as expulsou de casa e cada uma partiu para lugares diferentes e desconhecidos para elas. Mara, de carona em carona, foi parar em uma cidade próxima. Logo que chegou, dormiu duas noites na rua, mas arrumou emprego em uma casa de família.

Na primeira oportunidade, procurou estudar ficando nesse emprego até terminar os estudos. A outra se ajeitou com um sujeito boêmio que a levava para noitadas. Em pouco tempo, estava viciada em álcool e nicotina. A mais nova saiu, mas voltou para casa; a preguiça da moça era tal, que não se mexeu diante da fúria da mãe.

Depois de alguns anos desde sua expulsão de casa, Mara terminou seus estudos e sua patroa recompensou seu esforço fazendo uma festa de formatura para ela e suas colegas. Providenciou o tradicional chapéu de formando e, junto com Mara, tirou uma foto de cada uma delas. Dias depois, Mara enviou a foto para a mãe com algo escrito no verso: *"Mãe, esta vitória pertence a todos nós. Tenho muitas saudades, Mara".*

Depois de algum tempo, a moça entendeu que era hora de mudar de vida e profissão: fez outros cursos e assim ficou mais fácil arrumar trabalho em um escritório. Por causa do novo emprego passou a morar em um quarto no subúrbio da cidade. Apesar de longe, estava muito feliz com a nova realidade, trabalhava muito, ganhava pouco, mas era focada em melhorar de vida.

Em um domingo de sol, Mara limpava seu quarto quando ouviu alguém bater à porta. Era sua mãe. Ficou surpresa ao vê-la convidando-a para entrar. A mãe pediu água e, ainda em pé, com o copo pela metade, começou a falar:

– Você parece muito bem, conseguiu em poucos anos coisas que eu na vida toda nunca tive.

– Do que a senhora está falando?

– Olha só, sua casa tem tudo, ventilador, liquidificador e coisas que eu jamais consegui ter.

– Ora, não seja por isso, pode levar tudo para a senhora!

Durante a visita, Fátima não fez outra coisa a não ser se queixar, deixando Mara deprimida com tanta notícia ruim. Quando foi embora, levou uma sacola enorme cheia de coisas.

Depois de muito tempo, Joaquim conseguiu levantar uma pequena casa com dois quartos, e Fátima agora se sentia mais confortável principalmente por não ter tanta gente amolando o casal. O dinheiro fez toda diferença na qualidade de vida dos dois, pois conseguiram mobiliar a casa. Tudo era muito simples, mas visivelmente melhor que as condições do barraco onde moravam.

No período em que Mara era estudante, conheceu um médico e professor chamado Humberto; também de origem humilde, mas muito esforçado; seus pais eram lavradores e também tinham muitos filhos, contudo sua família não parecia em nada com a de Mara, pois eles eram organizados e investiram na formação profissional dos filhos.

Tudo em Humberto dizia que ele era uma pessoa especial. Mara também era especial em sua aparência e conduta, todavia, o sofrimento lhe deixou marcas profundas, tornando-a talvez até mais bonita – por isso mesmo seu rosto tinha um toque angelical.

Os dois estavam namorando e as intenções de Humberto eram sérias, pois queria conhecer a família de Mara, mas ela sempre o convencia do contrário. Depois de algum tempo, diante da insistência do namorado, marcaram um dia para o encontro. Ela nunca escondeu suas origens, mas sabia que aquele momento seria decisivo para a vida dos dois.

Mara pediu férias do trabalho e viajou para a cidade em que seus pais moravam. Quando chegou lhes avisou qual o motivo de sua presença e que ficaria ali por um tempo, a fim de preparar a casa para a visita de Humberto.

Quando sua mãe soube que se tratava de um médico, não disfarçou a inveja, mas o pai não se aguentava de tanta felicidade e fez questão de avisar aos colegas de trabalho que sua filha estava noiva de um doutor. As irmãs ficaram todas alvoroçadas, e até o dia da visita não se comentava outra coisa a não ser o noivado da irmã bem de vida – como diziam.

Mara, que já estava acostumada a servir almoços e jantares em seu primeiro emprego, organizou a data da visita, que também seria o dia de seu noivado. No dia marcado, a mãe, bem cedo, lhe avisou que não a ajudaria na cozinha. As irmãs que chegaram de véspera passaram a manhã inteira arrumando os filhos e a si e nada fizeram para ajudar Mara. O pai, ao perceber que ninguém aparecia na cozinha, foi ele mesmo ajudá-la.

Quando Humberto chegou, Mara estava exausta. O cabelo, que tinha sido preso de manhã, já estava todo arrepiado. Ela passou a mão úmida para baixar os fios revoltos e foi receber o noivo. Sua mãe veio recebê-lo, usando uma blusa com decote profundo, uma minissaia e o cabelo preso no alto da cabeça. As crianças logo se acotovelaram disputando uns doces que Humberto trouxe, Joaquim que não foi respeitado pelos outros filhos pela ocasião do casamento destes, não sabia o que fazer nem dizer, mas ainda assim os outros genros ficaram enciumados. Mara se retirou deixando que ele colhesse a impressão de cada membro da família.

Quando voltou para a cozinha, enquanto acomodava os pratos e uns panelões em cima de uma mesa que ela mesma improvisou. Chegou por último, junto com o marido e os filhos, a irmã que fazia às vezes de caixa registradora na vida dos outros. O primeiro que ela cumprimentou foi o doutor; mais tarde precisava que ele examinasse dois de seus filhos, pois estavam adoentados.

O pai, a mãe e as irmãs pediram uma consulta para Humberto, pois eles nunca tinham feito isso com um médico de verdade. Ele, contudo, não teve tempo de pedir a mão de sua amada, nem o pai dela esperava por isso. Aquele dia tinha sido, portanto, o melhor da vida deles, mas o pior na vida de Mara e Humberto. O momento que ele tanto esperou não tinha valor para aquela família e se resumiu em trabalho e muitas decepções para ambos.

Depois da consulta, Fátima foi tirar um cochilo que durou o resto do dia e foi noite adentro. O pai parecia o mais feliz de todos, pois tinha tirado a sorte grande. Cansado, não sabia o que fazer diante dos dois e foi tomar o resto da pinga que sobrou. Quando todos saíram já era noite. Joaquim foi rendido pelo álcool e finalmente se recolheu.

Humberto e Mara saíram da casa e ficaram em pé durante muito tempo olhando um para o outro tentando assimilar a situação. Enquanto isso, as lágrimas escorriam silenciosa no rosto de Mara, mas ele sabia o que elas, se fossem palavras, diriam e ficou ali esperando o momento de ouvi-las e finalmente ela falou com voz embargada:

– Humberto, apesar de todo o amor que tenho por você e em consideração a isso, nossa história termina aqui. O rapaz ficou desconcertado, chorou, por fim entendeu o sofrimento de Mara e partiu.

Durante a viagem de volta pensava no esforço dela para dar um bom exemplo: Isoladamente, ela é uma pessoa única, decente, esforçada, linda, honesta, mas no conjunto fica perdida e é frágil demais para ir contra naturezas tão rudes.

Enquanto Humberto se distanciava para sempre da vida de Mara, ela lavava a louça e refletia pesarosa sobre sua decisão:

– Eu sei que ele jamais me deixaria por causa dos meus problemas. Aceitei sua visita, para que ele próprio medisse a distância que nos separa, pois eu não suportaria vê-lo sobrecarregado com seu trabalho e ainda se sentindo responsável por ajudar minha família, tão incrédula de sua própria capacidade. Cedo ou tarde nos fariam reféns do seu comodismo. Não seria justo! Ele não merece isso... Para sempre Humberto, vou te amar. Que Deus te ajude a encontrar alguém que não te fará sofrer. Rogava em silêncio.

No dia seguinte, partiu ainda firme em sua decisão. Quando chegou a sua casa telefonou para uma colega de trabalho pedindo-lhe que entregasse a Humberto um envelope que deixara na gaveta de sua mesa de trabalho lhe avisando do rompimento do noivado. O pedido era um pretexto para aproximar os dois, pois sua colega também era apaixonada por Humberto.

Passado algum tempo, a vida de Mara estava diferente: mudou de emprego; vez por outra saía com uns amigos, entretanto estava frágil e adoentada. Humberto agora estava noivo de sua ex-colega, parecia feliz, e isso a deixou emocionalmente confortável, pois soube o quanto ele sofreu depois do rompimento do noivado, mas continuavam amigos.

Certa feita depois de uma consulta que fez às pressas, Mara ficou hospitalizada por muito tempo. Em um dia de sol tomou banho, calmamente escovou os cabelos, longos e loiros e, enquanto fazia isso, pensava na mãe e nos irmãos sentindo falta, pois nenhum deles nunca lhe visitou no hospital. Apesar de tudo, gostaria de ter convivido com eles.

Da janela do quarto observava crianças brincando no jardim pensando nos filhos que poderia ter tido com Humberto. Ficou ali algum tempo chorando, pois suas lembranças eram dos momentos vividos com ele.

Calmamente voltou a se deitar, puxou os lençóis e ficou apenas com o rosto de fora. Na enfermaria uma luz vermelha anunciava o quarto de Mara, depois que ela partiu em resignado silêncio. Parecia um anjo! Quando soube de seu falecimento, Humberto avisou seus pais e providenciou o enterro juntamente com sua noiva.

Depois da missa fúnebre, chegaram os parentes de Mara amontoados em um caminhão alugado às pressas; ao descerem, pulavam de todos os lados. Quando Fátima viu a filha olhou-a friamente, não esboçou sentimento algum e disse em voz baixa:

– Bem feito: se tivesse me dado um genro doutor, talvez não estivesse aí feito uma vela branca e esticada desse jeito. O pai tirou o chapéu roto e o apertou contra o peito fazendo o sinal da cruz; seus irmãos olhavam-na incrédulos, sem entender o que estava acontecendo.

Depois do sepultamento, Humberto e a noiva voltavam para casa, mas ele continuava imerso em seus pensamentos. No reencontro com a família de Mara, reconheceu finalmente que ela tinha razão. Entretanto, não sabia ao certo o que havia acontecido com aquelas pessoas. Seria a extrema carência? Ou falta de interesse pela própria vida?

Por algum tempo divagou em profundo silêncio, mas seus pensamentos estavam com Mara: Lembrava-se do esforço dela pela vida, da maneira simples e honesta como respeitava a todos, de sua humildade... Entendeu afinal que seu corpo frágil não tinha suportado os sofrimentos pelos quais tinha passado. O céu, portanto, seria mais seguro para ela.

Mariane, noiva de Humberto e também uma das melhores amigas de Mara, recebeu da enfermeira do hospital no qual Mara ficou internada um livro que lhe pertencia. Dentro dele havia um cartão de aniversário que ela daria ao noivo no mesmo ano em que terminou seu noivado com os seguintes dizeres: *"Das alegrias que tenho na vida. A maior delas: Humberto – Para sempre!".*

Mariane encomendou uma cruz e uma placa para o túmulo de Mara com os mesmos dizeres. Quando o noivo viu, entendeu também a escolha que Mara fizera para ele. Para sempre Humberto e Mara se amariam através de Mariane.

Comentários

Conheci a pessoa que me inspirou a personagem Fátima (nome fictício) em um dia e em um lugar qualquer. Tratava-se de uma mulher sobrevivente em pobreza extrema e, portanto, em situação de vulnerabilidade constante. Suas principais características eram visíveis: arrogância e soberba. Nada era mais natural que isso em seu comportamento e não havia em sua personalidade rústica nenhum canal de aproximação, ou um mínimo de inteligência emocional que pudesse interagir com alguém sem lhe afetar.

Ela apareceu do nada onde eu juntamente com um grupo de amigos estava e logo nos sequestrou com palavras cortantes, enquanto ficávamos paralisados, esperando a vez de sermos sugados por um "aspirador gigante" que nos prenderia em sua percepção para sempre.

Quando saí do local onde me encontrava, avistei a mulher "esparramada" na cadeira de uma lanchonete. Propositalmente fui até ela, pois queria saber se corria sangue naquelas veias:

– Tudo bem? Perguntei-lhe. Olhou-me intrigada, sem responder.

– Onde estão seus amigos? Insisti.

– Que amigos? Tudo um bando de traíra. Ao ouvir isso, recuei instintivamente.

– Traíra é aquele peixe que, mesmo depois de morto, costuma fazer vítimas com seu espinho atravessado na garganta de quem o comeu?

Nem esperei resposta e já fiz outra pergunta:

– Vou comer. Quer alguma coisa?

– Um troço quente, respondeu.

A mulher tinha a pele escurecida pelo sol, usava uma tinta vermelho vulgar nos cabelos, os lábios pretos de nicotina e os olhos castanhos, estavam emoldurados por um amarelo ocre que a deixava com a aparência de uma doente hepática; vestia uma calça preta com lavagem excêntrica e uma blusa vermelha com detalhes grafite.

Quando chegaram os "troços", o dela sugou fumegante, quase de uma só vez. Sua história, contada aos poucos, sem entusiasmo e seus dez filhos era seu tormento mental. Quando foi embora me deixou imersa em pensamentos sobre a origem de tamanha sofreguidão, pois tanto sofria como fazia sofrer.

As cores que inconscientemente ela usava (vermelho, grafite, preto) revelavam a sequidão estéril de sua alma. O composto de sofrimento, cores, desamparo e o pedido de socorro no silêncio ruidoso; inexplicavelmente extrapolou minhas lembranças, pois veio assaltar-me em momento de fragilidade o angustiante sentimento de desolação que sinto ao ver as queimadas em Brasília na época da seca displicentemente causada por motoristas que jogam seus cigarros ainda acesos nas áreas verdes incendiando as matas; colocando em risco a vida dos bombeiros, da fauna e da flora. – Os animaizinhos correndo, as árvores imóveis estalando consumidas pelas labaredas, o fogo esterilizando as sementes e a terra. Que triste...

Aquela mulher só poderia ser "filha do fogo" ou de uma floresta em chamas, cujas labaredas por onde passam deixam suas sementes e seus galhos estéreis, pois a soberba e a arrogância queimavam cada gesto direcionado em seu favor, porém astuta, implorava por providências de modo que não se tornasse devedora.

O lugar onde vivia tal qual acampamento de um exército cujo comandante há muito se foi, deixando para trás seus soldados sem direcionamento, sem munição e sem o mapa de retorno, revelando que certas escolhas não têm volta.

A violência estrutural contra o ser humano é algo que a maioria não entende. Faz estrago na vida das pessoas. Trata-se da ausência total de componentes básicos à sobrevivência, como a falta de comida, moradia, educação, emprego, saúde, estrutura sanitária, abandono da sociedade e do estado...

É intrigante nesse contexto ver um aglomerado de casas na paisagem urbana projetada. Imediatamente vem a sensação de caos e desordem pública. Para fins de compreensão da dinâmica do inchaço populacional fiquei presa ao relato de Fátima que, junto com o marido, saiu de sua terra para buscar melhorias na cidade grande.

O local onde residiam, comprado com as parcas economias que trouxeram quando mudaram de cidade, era distante dos locais em que possivelmente seu marido encontraria trabalho. O custo do transporte para Joaquim ir à busca de empregos tornou-se inviável, deixando a família isolada.

Os filhos também não tiveram como se desenvolver, contudo geraram vinte netos para o casal e assim faziam mais barracos para abrigar as famílias que surgiam desse núcleo. Somadas a elas, outras aglomeradas, sem emprego, sem assistência. Diante dessa situação recorrente em todo país, pouco se pode fazer a não ser pagar os impostos na esperança de distribuição justa.

A situação de Mara também nos convida a refletir sobre o que pensa uma pessoa ao tomar uma decisão em momento de desespero ou desvantagem para proteger outra, revelando o lado oposto de uma atitude sem nenhum interesse próprio.

Existem casos em que pessoas beneficiadas com uma união "salvadora" não têm determinação e nem quer ser um instrumento de ajuda às famílias. Ao contrário, ficam travadas e omissas. Nesses casos, tanto Mara quanto outros na mesma situação podem e teriam liberdade de ter uma atitude de ousadia social geradora de melhorias para todos do seu círculo familiar.

A ideia aqui é se tornar um instrumento de melhoria material ou espiritual no seu meio, pois muitas pessoas, depois que passam por privações e opressão ao longo da vida, mas que, em dado momento, se vêem em uma condição favorável – não se constrangem em deixar vir à tona sentimentos de mesquinhez, avareza, soberba e desprezo contra quem não foi solidário com suas necessidades no passado, ou seja: se tornam iguais aos seus opressores.

Muitas dessas pessoas hoje costumam escolher a dedo aquelas com quem se relacionar, utilizando-se de uma visão materialista para patrocinar o pior de si, todavia a nova situação apenas evidencia a personalidade que antes já existia. O ditado popular que diz: "que *só conhecemos alguém quando este adquiriu dinheiro e poder*." Talvez se encaixe bem nesse contexto, pois algumas pessoas crescem materialmente, mas abandonam os cuidados com o lado espiritual, deixando-o sem força para ser generoso ou agir numa situação como a que Mara enfrentaria se tivesse casado com Humberto.

Para você refletir:

Fátima se recusava a estabelecer uma relação de troca com seus benfeitores, além de desprezar o que recebia, não mostrava gratidão nem satisfação por nada. Se você for do mesmo time, melhore sua receptividade com as pessoas; abra um canal de acesso ao seu coração; seja claro ao pedir ajuda e, sobretudo, não julgue as pessoas pelo o que elas não te dão, mas pelo que elas gostariam de receber de você.

Existe um provérbio que diz: "Ninguém é tão rico que não precise de nada; nem tão pobre que não tenha nada a oferecer". Assim, por pior que seja sua situação, as pessoas vão esperar de você uma atitude digna e/ou de gratidão.

Organizar o noivado da filha

Nós vimos que o noivado de Mara foi um festival de erros, pois a família não tinha noção de como organizar um evento dessa importância. Entretanto, isso poderia ter sido diferente se os noivos tivessem tido a compreensão de toda família. Fátima, todavia, ainda tem uma filha solteira e poderá fazer diferente. Considerem estas dicas:

- *A família deverá mostrar solidariedade e fazer tudo que deixou de fazer no noivado de Mara;*
- *Os irmãos devem dar sua contribuição no preparo da festa, se possível até dividir as despesas;*
- *Evitem beber até perder os sentidos. Mesmo quem bebe prefere famílias que mantém o vício sob controle;*
- *Capriche no preparo da comida e nos acessórios da festa: toalha de mesa, talheres, louça, arranjos;*
- *Aquele visual "periguete" que as primas adoram usar no dia do noivado das outras só para chamar atenção do noivo, é de mau gosto;*

- *Pais separados têm participação especial nesse dia, mas evitem imposições;*
- *Vovós, titias, sempre podem ajudar: assumam a liderança moral do evento; orientem as crianças e os jovens, a fim de que não usem o momento para aprontações, controlem a ansiedade da noiva; mostrem-se vivas e atuantes, dêem um clima tradicional à festa;*
- *Evitem que as crianças fiquem estressadas com atividades que não são para elas; indique entre os familiares um coordenador infantil;*
- *Recebam os convidados que vieram de outras cidades com atenção e carinho, além de toalhas, lençóis limpos e sabonete novo;*
- *Procure manter o clima de amizade entre os primos e neutralizem os comentários negativos de origem duvidosa;*
- *Para a recepção de noivado ou casamento em casa, façam uma revisão dos costumes à mesa; essa tarefa pode ser do pai, da mãe, ou um amigo poderá repassar essas dicas para uso individual;*
- *Sentado à mesa, fique com os braços naturalmente rentes ao corpo; evitem tocar na pessoa que está ao seu lado:*
  - *Mastigue de boca fechada;*
  - *Evite ruídos ao mastigar e com o talher no prato;*
  - *Melhor não servir uma quantidade exagerada de comida de uma só vez;*
  - *Evite gesticular segurando os talheres com as mãos;*
  - *Não fale de boca cheia;*
  - *Limpe antes a gordura da boca ao tomar líquidos, pois o copo sujo de gordura constrange as pessoas;*
  - *Evite camisetas regatas, pois deixam aparecer o pêlo das axilas e até o suor;*
  - *Tire o boné ou o chapéu antes das refeições – sinal de respeito;*
  - *Melhor servir os idosos e as crianças primeiro;*
  - *Deixe os ossos, os talheres e o resto de comida em ordem dentro do prato até ser recolhido. – Pois não existe visão mais selvagem*

e desoladora do que os restos de uma refeição espalhados; (minha opinião).

- *Espalhe tendas (sombreiros) pelo quintal, se for o caso;*
- *Se o evento for do tipo participativo, deixe uma equipe escalada para receber e organizar os alimentos;*
- *Prendam os animais;*
- *O dono da casa deve ajudar na hora de servir a comida. Não deixe todo serviço por conta da esposa;*
- *Em muitas famílias tem uma ovelha negra que costuma perturbar e sabotar o rebanho. Nesse caso, reúnam um conselho familiar para decidir o que fazer a respeito de possíveis desentendimentos. Todos devem apoiar o que o conselho decidir. Alô, papai, o comando está com você (sugestão).*

Avalie seu nível de mastigação e postura à mesa:

<u>Básico</u>: mastiga produzindo estalos e ruídos na boca; faz sujeira em volta do prato, não tem noção da quantidade; deixa a boca suja; deixa a comida cair no chão; se distrai durante a refeição; não sabe segurar os talheres; chupa o macarrão, caldos e líquidos em geral. Muitos adultos parecem ter tido sua mastigação congelada na infância, pois não desenvolveram essa habilidade de acordo com cada fase.

<u>Médio</u>: não chega a constranger com hábitos desaconselháveis, mas mastiga pouco, come rápido, fora de hora, em frente à TV, computador ou no quarto; mostra dificuldade para ter uma postura adequada à mesa; não é muito sociável com os companheiros de refeição. Come somente para satisfazer suas necessidades e não vê razão para se aprender algo estético e saudável para compartilhar no momento da refeição.

<u>Alto:</u> mastiga com moderação, em silêncio, escolhe bem o que comer; evita constranger as pessoas com hábitos extravagantes; aplica boas regras de etiqueta à mesa, demonstra atenção, cordialidade e respeito aos companheiros de refeição.

Estratégia para convivência em família

O composto familiar de Mara era de difícil interação, carência e o descaso de uns pelos outros tornava a convivência impossível, mas a situação não estaria perdida se eles tivessem unido forças e mostrado inteligência social, emocional e, sobretudo, solidariedade aos noivos.

Vejam no que podem melhorar para valorizar sua própria família:

- *Cabe aos pais ensinar aos filhos a serem amigos e solidários uns com os outros;*
- *Os pais não devem pôr em risco o próprio relacionamento por causa de problemas causados pelos filhos; evite desautorizar um ao outro;*
- *Domine a soberba, a arrogância e os sentimentos de violência da família, pois o único papel delas é afastar você das pessoas;*
- *Quanto mais desenvoltura social a família tiver, menos ficará isolada e sem apoio;*
- *Evite conflitos entre os filhos favorecendo em demasia um deles enquanto os outros são ignorados ou penalizados;*
- *Dividam as tarefas. Não é justo com os pais ter filhos para se tornarem eternamente sobrecarregados (minha opinião);*
- *Um poderoso substituto do amor, em casos de emergência familiar, é o respeito. Procure não deixá-lo de lado;*
- *Tente inserir na educação dos filhos um bom conceito religioso para que possam extrair respostas quando tiverem sem direcionamento;*
- *Ajude seus filhos a se definir financeiramente deixando as regras claras sobre o que poderá patrocinar e por quanto tempo;*
- *Evite crises de inveja. É estranho dizer isso, mas tem pai e mãe que invejam seus filhos, por não terem aproveitado bem a vida no passado, mas é só aproveitar a fase atual;*
- *Evite penalizar financeiramente toda família custeando o vício em jogo, álcool e cigarros de um único membro da família;*

- *Família com muitos filhos sempre tem uns que são bem-sucedidos, mas outros não, entretanto os pais devem evitar que grupos rivais se formem dentro da família para não ter que tomar partido;*
- *Alguns filhos se comportam como se fossem cães ferozes, acuando os próprios pais com palavras duras, punhos cerrados, gritos, exigências desmedidas, agressividade e até violência. Corte isso na primeira vez;*
- *Mães machistas costumam sobrecarregar as filhas com afazeres domésticos, mas deixam os filhos livres. Isso precisa acabar em nome da justiça e do bom-senso;*
- *A gravidez não planejada de menores ou solteiros traz muita responsabilidade e trabalho, mas não deixe a situação afetar toda família; as tarefas podem ser divididas com maior participação dos próprios pais da criança;*
- *Vovós têm o direito de curtir a vida, evitem sobrecarregá-las com obrigações que não são mais delas;*
- *Perdulários, jogadores compulsivos precisam ser interditados pela família, para manter o equilíbrio financeiro da maioria;*
- *Filhos que ainda moram com os pais devem controlar o próprio horário de sair e chegar à noite. Preservem a qualidade do sono dos seus pais;*
- *Ensine a família a não desprezar pequenos gestos de economia: evite o desperdício de comida, água, luz, telefone... Façam uma poupança;*
- *Evitem injustiça com o trabalho da mãe que não trabalhou fora de casa. Em tempo, planejem e paguem um plano de aposentadoria para ela.*
- *Esta geração é impulsionada a se tornar independente financeiramente muito cedo, mas, ao conseguir isso, muitos não sabem dosar independência e dinheiro e às vezes costumam constranger os pais ao se revelarem excessivamente egoístas e irresponsáveis com a solidariedade que deveriam ter com a família, entretanto continuam comendo, morando e dando despesas aos pais sem contribuir com nada. Isso não é justo!*

Coleção para as primas e/ou irmãs participarem da festa de noivado ou casamento cantando em sua própria banda.

6 Justi

Uma questão de Justiça e controle

Justi é juiz de uma cidade de porte médio no interior do Brasil e, costumeiramente, trabalha mais do que o tempo previsto em seu contrato de trabalho, pois quando sai do tribunal leva na mente as preocupações de quem deve propor soluções justas para as demandas que chegam até suas mãos. Com isso, passa muitas horas do seu tempo de folga imerso em pesquisas.

A cidade onde mora é rodeada por fazendas, lagos, plantações, faculdades, comércio variado e está em pleno desenvolvimento econômico, mas como diz o povo da região: "O dinheiro aqui corre solto nas mãos de poucos". A maioria da população trabalha prestando serviços no comércio, nas fazendas e nas empresas privadas.

– Dar conta da demanda por justiça nesta cidade é como enxugar gelo, pois não tem fim. No mundo do crime, cada década tem seus próprios crimes e também sua própria imagem. Os crimes parecem inventados e lançados na mente dessa moçada como tendência, pois atualmente parece que virou moda transgredir as leis por simples diversão.

Disse Justi a um colega.

Em frente às prateleiras que acomodavam os processos, sentia-se impotente; abria um, depois outro – milhares deles estavam ali envelhecidos, caducos... Vidas em câmera lenta, falidas, injustiçadas, aguardando solução ao ritmo do serviço público.

O juiz chamou o arquivista e lhe pediu para separar mil processos a partir dos mais antigos:

– Faça um recibo para eu assinar, depois mande o segurança entregar em minha casa.

Dias depois, quando os processos estavam no destino, Justi ausentou-se do seu gabinete por uma tarde e foi até a universidade local convidar alunos de direito para participarem de um projeto experimental.

Para os escolhidos ofereceu oportunidade de aperfeiçoarem o vocabulário jurídico e, sobretudo, serem os autores de soluções diferenciadas e inovadoras.

Justi ofereceu uma oportunidade para os estagiários pôr em prática os conhecimentos adquiridos durante o curso de Direito, bem como certificados e outros que comprovavam a participação deles no projeto batizado pelo juíz como operação 1000, em referência aos mil processos que ele e os demais deveriam finalizar em trinta dias.

Depois da seleção e já no primeiro dia de trabalho, Justi e os estagiários dividiram os processos em dez pilhas de cem; para cada uma, deu o nome do advogado responsável, avisando-lhes:

– Estes processos estão sob suas responsabilidades. Daqui há trinta dias úteis daremos uma sentença para cada um deles.

Depois que fizeram algumas perguntas, alguém sugeriu que os processos fossem divididos por categoria de crime – assim o estudo para uma sentença poderia ser aproveitado em outra, caso houvesse similaridade com os fatos. Justi esclareceu as regras, mas os deixou livre para que usassem a criatividade e o bom-senso.

Faltando quatro dias para o julgamento os alunos já tinham feito inúmeras ligações, falavam abertamente sobre todos os casos, estudavam valores, sentenças, discutiam acordos, propostas, prazos e davam uma sugestão de parecer. O juiz despachava no tribunal durante o dia e à noite, apoiava os estagiários instalados em sua casa.

O julgamento seria coletivo e para tal alugaram um ginásio de esportes, um laboratório de análises clinicas, além de Justi, mais dois juízes; convocaram também lideranças religiosas; o suporte de segurança veio da polícia, que enviou homens armados, carros blindados, escolta para os presos que aguardavam julgamento, brigada de incêndio, reforço aéreo. Também foi instalada uma sala de espera com emergência médica e provimentos básicos como água, café entre outros.

No dia marcado para o início do julgamento, o local parecia uma praça de guerra, pois antigos rivais se encontraram torcendo o nariz um para o outro e, finalmente, veriam com quem estava a razão, o poder e/ou o direito.

Começaram o trabalho atendendo aos pedidos de pensão alimentícia e investigação de paternidade. Justi sentou-se em seu lugar e esperou o último nome dos envolvidos aparecer no telão. Todos estavam presentes, entretanto, muitos dos homens negaram a paternidade. O juiz e sua equipe não entraram em detalhes, mas entregaram aos casais uma senha e uma autorização para fazer o exame de DNA. Para quem o recusava, ele dava parecer favorável à mãe e à criança.

Justi tinha em mente que o contribuinte não deveria pagar pelo resultado da excessiva libertinagem da qual muitos dos citados eram adeptos. Os rapazes estremeciam diante da simplicidade e da rapidez que ele agia, pois não deixava margem para contestação. Assim, pais e filhos se submeteram ao exame, ali mesmo no laboratório itinerante. Os resultados dos exames sairiam em tempo recorde junto com o parecer da justiça.

No mesmo dia, também foram julgados os casos por danos morais. Justi explicou o que seria este crime: – Senhores, Dano moral é o que abala a honra, a boa-fé, a saúde ou a dignidade das pessoas por meio da desvalorização de sua autoestima e de seu amor próprio. Nesse caso, a maioria foi citada porque, em algum momento, preferiu destruir a dignidade das pessoas, fazendo toda sorte de pressão emocional, até que algumas desistiram do emprego e até da própria vida, por não suportar o sofrimento e a exposição indevida provocada por vocês...

Na cidade de Justi, havia grupos que se revezavam no poder para não perdê-lo e até constrangiam os gestores de empresas para que contratassem pessoas que faziam parte de uma rede que não visava ao bom trabalho profissional, mas sim manter relacionamentos entre pessoas que detinham o dinheiro na cidade.

Às vezes um jovem de boa situação financeira ocupava dois empregos altamente remunerados, enquanto outros nascidos de família simples, graduados em faculdades pagas, disputavam à exaustão um cargo menor que sua capacidade técnica.

Nesse cenário, muito do recurso intelectual que viesse das camadas mais simples da sociedade estava fadado ao constrangimento de verem seus esforços engordar a conta dos filhos da elite. Essa falta de sensibilidade provocou um grande distanciamento social deixando muitas famílias em desvantagem financeira.

Um jovem humilde, graduado em Letras, reuniu um grupo de pessoas que sofreu toda sorte de constrangimentos nas mãos desses impostores, a fim de pedir o apoio da Justiça para reaver seus empregos que forçosamente tiveram de deixar. Agora, finalmente, teria a chance de ser ouvido e revelar o motivo pelo qual se sente injustiçado.

Justi ouviu o advogado dos réus expor suas considerações sobre o caso, mas este não foi convincente, pois as provas que as vítimas trouxeram eram justas. Os acusados dessa prática não tiveram outra saída a não ser ouvir a sentença de Justi em alto e bom tom:

– Senhores, julgar crimes subjetivos que apelam para atos e mensagens subliminares não é tarefa fácil. Creio que os senhores acharam conveniente esse expediente, pois ele não deixa rastro, não fere a pele e nem derrama sangue. Assim se inocentariam de toda culpa. Está claro para mim que esse era o pensamento dos senhores ao praticar tal ato.

Continuou com a leitura e por fim sentenciou. Fulanos de tal, leu os nomes, devem devolver pacificamente os cargos que hoje os senhores ocupam, para quem de direito pertencem.

O grupo de acusados não esperava aquela atitude e também não tinha como revidar, pois confiou que somente pagaria uma pequena indenização para "os pés-rapados" e depois tudo voltaria ao normal; os pais que cegamente apoiavam os filhos nesses atos se remexiam nas cadeiras.

A equipe de Justi já havia entrado em contato com as empresas, e os respectivos gerentes tinham em mãos a rescisão do contrato de trabalho dos acusados e um novo contrato para os rapazes que foram prejudicados por seus colegas. O objetivo dos advogados estagiários era fazer justiça e distribuir a renda na região, pois estava altamente concentrada nas mãos de poucos. Com essa atitude, buscavam valorizar o trabalho profissional e o esforço das famílias humildes que pagavam caro pela educação de seus filhos.

Fizeram uma pausa para depois iniciar o julgamento de um grupo de estudantes que depredavam suas escolas; "pintores não licenciados" de muros e paredes; acusados de pequenos furtos, entre outros. Quando Justi chegou, o salão estava lotado. Ao sentar em sua cadeira explicou-lhes o motivo pelo qual estavam ali e quais eram seus crimes.

Os acusados eram de localidades diferentes e nem se conheciam, mas praticavam os mesmos crimes por toda cidade e já haviam se acostumado com a impunidade, por terem sido favorecidos durante a infância e adolescência pelas leis que os protegiam.

Justi começou falando para um grupo de rapazes e moças que praticavam pequenos furtos para custear suas bebidas e roupas caras.

– Quem entre vocês alguma vez furtou porque estava com fome?

Somente dois levantaram a mão.

À medida que Justi fazia mais perguntas, o número de garotos que levantavam as mãos era diferente, e muitos começaram a chorar, mas o juiz continuou fazendo-lhes muitas perguntas e esclareceu pontos desconhecidos sobre regras de convivência em sociedade.

O Juiz percebeu que ainda se tratava de garotos com maioridade, mas amedrontados com as responsabilidades que enfrentariam doravante, todavia, não deixou de mencionar o alto grau de malícia, rancor e ódio que eles já tinham no coração, e finalmente sentenciou:

– Sentencio fulano, beltrano (os nomes apareciam no telão); a devolverem o valor que subtraíram para suas respectivas vítimas; para outros, a prestarem um ano de serviço comunitário no hospital tal, no orfanato, e no abrigo de idosos. Durante um ano, ficam impedidos de sair à noite, em caso de reincidência teriam pena dobrada.

Os meninos de outro grupo ouviam calados, enquanto os donos dos muros riscados esperavam uma solução satisfatória:

– Sentencio vocês a formarem um grupo único que se cotize com objetivo de lavar, pintar e devolver aos proprietários os prejuízos que lhes causaram. O grupo deverá limpar e pintar toda a sujeira...

Justi agora falava para os estudantes, mas sabia que o centro de recuperação local não suportaria o envio de pessoas em número tão elevado, também não achava justo para o contribuinte ter de pagar dobrado pelo descaso dos alunos.

– Senhores, a pior coisa para uma sociedade é quando os jovens destroem os instrumentos que farão deles melhores cidadãos. O desrespeito de vocês pelo conhecimento é algo inaceitável...

Respirou lentamente olhando por cima dos óculos e leu a sentença: Sentencio todos os acusados a restituir os prejuízos causados ao patrimônio público repondo cadeiras, pintando paredes, desentupindo vasos e replantando as árvores, sobretudo serão expulsos de suas escolas e não terão mais direito à educação pública, pois alguém que despreza o conhecimento não deve tê-lo de graça. Muito menos merece que o contribuinte pague por seu descaso...

Depois de mais um intervalo, quando Justi e sua equipe voltaram, enfrentariam o que parecia ser um pesadelo para os advogados e juízes presentes: discutir e até explicar conceitos sobre a vida privada e a conduta moral dos acusados, na maioria homens que haviam constituído duas famílias, pois eram casados legalmente, mas tinham amantes e filhos fora do casamento. Um estagiário enquadrou os acusados no crime contra a família por entender que o ato quebra o acordo nupcial e desestrutura a base sobre a qual assinaram um contrato.

Justi dispensou a toga que usou no julgamento dos garotos demonstrando sua vulnerabilidade humana e sua insuficiência de argumentos para orientar uma situação como a que ele estava sendo obrigado a mediar.

Sentou-se em sua cadeira, chamou os representantes das igrejas e pediu-lhes para que fizessem uma abordagem sobre o casamento. Posteriormente, um psiquiatra falaria sobre o assunto. Um dos religiosos falou:

– Senhoras, senhores, a união conjugal no Brasil tem o regime monogâmico... Alguns dos acusados riam interiormente ao ouvir o sermão que recomendava mais justiça e atenção com o casamento.

Os religiosos e o psiquiatra ofereceram explicações para o baixo rendimento emocional e social que os acusados estavam apresentando contra seus cônjuges, dando exemplos de condutas que o ser humano carrega inconscientemente e até são passadas de pai para filho esclarecendo-lhes com informações extraídas de estudos antropológicos, sociológicos e bíblicos...

As esposas os processaram por se sentirem desvalorizadas com a quebra do conceito de valor da mulher naquela localidade, isto é: seu valor estava afiançado pelo comportamento do marido: se ele fosse bom, era sinal de que ela era uma boa mulher e se um marido fosse ruim, ela também seria uma má esposa, algo que eles entendiam como lei da reciprocidade. Entretanto, a situação há muito não era conduzida por esse critério, pois havia muita gente em desvantagem. Com as descobertas das aprontações, outro sentimento passou a fazer parte da vida dos casais: o medo de perder o lar e os filhos.

Justi já tinha conhecimento dos fatos quando leu os processos e fez comentários ponderando sobre algumas coisas:

– Senhoras, senhores, meu tempo é pago por vocês por meio de seus impostos e, se recorreram à Justiça, é porque entendem que ela tem mecanismos para impedir as ações dos acusados. Confesso que eu não gostaria de aplicar pena nesses casos e sim dar mais esclarecimentos sobre as atitudes de vocês. Não creio que uma punição irá desestimulá-los, mas se nós apelarmos para uma consciência moral mais justa e aceitável pode se chegar a um entendimento.

Justi mediu o nível de revolta e afetação dos presentes fazendo uma pergunta:

– Que punição os senhores acham justa para alguém que quebra um pacto como esse?

Uma mulher respondeu qualquer coisa entre os dentes, totalmente roxa de ódio, tamanho seu descontrole emocional.

– Uma surra em praça pública, disse um marido revoltado.

– Senhores, atitudes dessa natureza já trazem embutidas várias penalidades. A principal delas é a vulnerabilidade a que os senhores se expõem quando aceitam se unir a outro sem o consentimento daqueles a quem devem a fidelidade, pois isso é uma obrigação mútua entre os casados, mas deveria ser conquistada, e não imposta como muitos aqui desejam. Continuou falando e finalmente deu seu parecer.

– A lei brasileira considera que todos são iguais perante ela, não podendo haver discriminação nem benefício para um em detrimento do outro. Nesse caso, a determinação é para que sejam concedidos créditos conjugais e emocionais a todos que se sentiram traídos por seus cônjuges, em quantidade e em tempo igual, sem prejuízo moral nem afetação física, psicológica e financeira para os que foram traídos e a nenhum dos sentenciados será dado o divórcio durante o tempo em que o lado ofendido esteja usufruindo o direito de também se relacionar com outra pessoa, ou seja: cada pessoa traída ganha um vale liberdade consentida por lei.

Um homem, ao ouvir a sentença, ficou descontrolado e interrompeu o juiz, pedindo para que ele mudasse sua pena ao perceber o tamanho da desordem moral e psicológica que esta possibilidade causaria nas famílias caso todos doravante partissem para seus lares de posse desse direito; por certo os homens seriam desmoralizados, suas esposas, suas filhas e filhos teriam que andar sem proteção moral e, portanto, o local poderia ficar fora de controle até que a população se acostumasse a ver uma mulher casada, por exemplo, passeando de mãos dadas com seu namorado ao usar o benefício concedido pela justiça.

Depois de ter certeza da vocação dos acusados para transgredir e da pressão que recebia diariamente para que abandonasse a linha de conduta legal e objetiva, Justi percebeu que os moradores daquela região rejeitavam as normas sociais e que cada um queria um código moral particular de acordo com sua própria necessidade e/ou comodidade.

O Juiz continuou falando para um grupo que disputava os bens de pessoas falecidas:

–... No caso *das amantes que reclamam o direito aos bens do falecido...* Justi leu a sentença explicando como havia sido estruturada:

– Senhores, a fim de evitar a banalização do casamento e das esposas que dedicam suas vidas aos maridos e à família, foram avaliados vários itens relevantes para tomar esta decisão, portanto, vejam a lista:

- *O tempo de dedicação da esposa em relação ao da amante;*
- *O regime do casamento: se comunhão parcial de bens ou não;*
- *As responsabilidades da esposa com o marido, na doença, na dor;*
- *Os serviços domésticos e outros prestados ao cônjuge;*
- *A quantidade de filhos de uma e de outra;*
- *A qualificação financeira do falecido;*
- *A idade da esposa e da amante;*
- *A atividade financeira das duas;*
- *A habitualidade do falecido em ter amantes durante o casamento;*
- *Um detalhe da bíblia que diz nos dez mandamentos: "não adulterarás";*
- *A falta de obrigação da amante com os cuidados do amante;*
- *A comprovação do esforço da amante para adquirir os bens que ela requer;*
- *O principio da boa-fé;*
- *O estado de inocência da amante e da esposa durante o tempo do envolvimento;*
- *O padrão comportamental aceitável vigente;*
- *A consciência do risco que os amantes corriam ao se envolverem com pessoas legalmente impedidas de assumir um compromisso formal;*
- *As condições afetivas em que viviam antes da traição;*
- *Por fim, a fidelidade e a consideração dos cônjuges em relação aos seus pares.*

Diante do exposto fizemos um gabarito para dar valor de zero a dez a estes itens a fim de mensurar o grau de direito e de deveres que cada um tem nesta situação. Chegamos a dois valores: um para pensão alimentícia e outro para indenização por prováveis danos... Lembrando que não é papel da justiça desembaraçar casos amorosos para seus reclamantes, sugiro mais zelo e cuidado nos relacionamentos.

Ao fazer a leitura, muitas esposas ficaram iradas, pois o resultado do gabarito revelou que muitas delas abandonaram os cuidados com o lar, com o marido e com os filhos. Em outros casos, revelou que a amante tinha expectativa financeira e/ou simplesmente queria perturbar a esposa para se sentir vitoriosa.

Mas também revelou o lado humano dessas relações: Em um caso, por exemplo, uma esposa estava acamada há anos, mas o marido não a abandonou, entretanto, mantinha um caso com uma mulher que lavava suas roupas, fazia sua comida e lhe dava assistência emocional e psicológica. A esposa deste fingia não ver, pois ela equilibrava a situação do casal, contudo ficou desamparada com a morte do seu amante. Em outro caso, uma mulher que faleceu, mantinha um amante em vida, dada a sua carência afetiva, pois seu marido era frio, calculista, não lhe dava assistência e lhe explorava ao extremo, depois de sua morte, o amante sentiu-se na obrigação de impedir que todo patrimônio da falecida ficasse com o viúvo, pois supunha que ele provocara a morte da esposa por dinheiro.

O momento não foi o mais agradável para Justi, nem para os acusados que se revoltaram com a sentença, mas depois do julgamento os participantes adquiriram uma nova visão de fidelidade e compromisso. Mais tarde, veriam que a justiça bíblica do "olho por olho" os fez refletir sobre suas condutas e quão ridículas, imaturas e desrespeitosas eram as atitudes contra a própria família.

No dia seguinte, foram julgados os crimes de assassinato. Justi deixou em uma mesa, abaixo da tribuna, vários objetos, dinheiro e convites.

– Senhores, falou com vigor moral diante da platéia hostil. Aqui estão todos os subornos em forma de presente que vocês me ofereceram a fim de atenuar as penalidades que lhes serão impostas. Espero que hoje percebam a linha tênue que divide a justiça da injustiça. Os senhores não deveriam querer comprar a consciência de um juiz, pois ele é o canal de justiça de uma sociedade. Pessoas que agem dessa maneira desejam para si um mundo adaptado para que não se submetam às regras. É verdade que sempre existiram homens assassinos e sedutores que desejam se justificar, apesar de seus crimes, mas sempre existiram homens, juízes ou não, capazes de dar uma resposta a essas práticas.

Os acusados se contorciam diante da prova de sua culpa, mas Justi continuou falando:

– Quando um homem se dispõe a tirar a vida de outro, isso quer dizer que também chegou o seu fim, pois não existirá paz de espírito, nem liberdade para sua consciência...

Em dado momento o clima do julgamento foi quebrado por uma mulher inquieta, pois queria falar, Justi fez uma pausa para ouvi-la. Magra, alta, tinha olheiras e cicatrizes profundas, era acusada de ter matado seu companheiro, mas segundo ela própria não se considerava como assassina e defendia sua situação:

– Meritíssimo, perdoe-me por também fazer parte da vergonhosa lista que o senhor tem em mãos, mas da qual nunca desejei fazer parte. Já faz muito tempo que morri aos poucos pelas mãos do meu companheiro até sucumbir, pois é como me considero a partir do momento em que contra minha vontade lhe tirei a vida.

Eu explico: ele matou meu orgulho, minha fé, minha consciência, minha saúde e minha paz. Tornei-me, portanto, uma morta viva, mas não houve quem me desse um atestado de óbito ou de falência dessas funções perdidas.

É possível, sim, matar uma pessoa e deixá-la em pé entre os vivos para ser escarnecida sem que jamais percebam sua ausência: basta viver em um lugar indiferente à sua pessoa.

Por ele fazer-me uma morta viva, jamais seria culpado, pois é difícil se punir crimes contra a alma, entretanto, a verdade é que só temos apoio quando não somos mais recuperáveis.

No meu caso o socorro veio tarde, mas pode ainda ser uma forma de ressuscitar meu espírito que foi enterrado antes do meu corpo; entretanto, seria melhor que lhe tivesse feito tal coisa, pois desse modo eu teria direito a um enterro digno e meu espírito viveria para sempre.

Começou a chorar.

– Agradeço, não tenho mais nada a falar em minha própria defesa, visto que sou minha própria advogada.

Sentou-se, fazendo isso em etapas.

Fez-se um pesado silêncio, enquanto Justi fazia anotações, em seguida ele prosseguiu com o julgamento.

–... Vejo que as motivações para tirar as vidas das pessoas cujos familiares estão aqui esperando por justiça em sua maioria foram por motivos banais. O Juiz considerou alguns aspectos e, diante do exposto, falou:

– Sentencio fulano, beltrano (leu toda lista) a pagarem uma indenização, no valor de tantos salários mínimos, às famílias de fulanos de tal, para que lhes seja assegurado o direito ao sustento, tendo em vista terem suas vidas prematuramente interrompidas; para outros tantos anos de reclusão...

Justi ouvia os advogados, os acusados e prosseguia com o julgamento. Uma sentença em especial chamou a atenção do júri:

– Para Susana Blanco, (nome fictício) sentencio a pena de prestação de serviços no orfanato tal, por tantos anos.

Suzana era a mulher que, antes, pedira para fazer sua própria defesa. O orfanato era o lugar para onde enviaram seus filhos depois que ela fora presa por matar acidentalmente seu companheiro ao se defender das costumeiras agressões físicas.

Ao final dos quatro dias, foram julgados os mil casos desobstruindo os gargalos jurídicos da cidade, aliviando a respiração e a dignidade de pessoas que há anos esperavam por justiça.

O juiz preparava-se para ir embora quando um dos estagiários lhe deu um gráfico estatístico com os números dos crimes julgados. O juiz colocou o mapa em sua pasta, fez um breve discurso agradecendo toda equipe, despediu-se e foi embora.

No escritório de casa, ainda havia a forte presença dos estagiários: pedaços de papel com anotações e livros abertos revelavam o esforço dos jovens para oferecer soluções dignas e inovadoras em todos os processos pelos quais foram responsáveis.

Justi leu mais uma vez as estatísticas da sua operação e ficou assustado com a péssima imagem de crimes que aquela década revelava deixando uma herança vergonhosa para toda sociedade: *a imagem do vandalismo, da liquidação do patrimônio público, da ganância, da desordem familiar, da banalização do conhecimento, da cleptomania, da violência, da promiscuidade, dos filhos sem pais e da ausência de sentimento moral...*

O juiz, que recebeu vários telefonemas ameaçadores, não abriu a janela do escritório durante toda operação. Finalmente fez isso; respirou fundo, agradeceu a Deus e, enquanto arrumava os livros, sua filha de cinco anos abriu a porta e disse-lhe: – "Palabéns pla você", abraçando o pai.

Comentários

Desculpe-me se lhe pareci fora de órbita com as fantasias contidas neste capítulo, mas o objetivo é fazer uma crítica ao abuso cometido por nós brasileiros no uso dos nossos direitos e também pensar uma justiça rápida com modelagem adequada às novas demandas sociais que surgem e não estão previstas na lei.

Note que no tribunal de Justi (um juiz imaginário) não tem muitos acusadores, mas tem conselheiros, inclusive ele próprio, e o bom-senso na aplicação das sentenças é determinante para que seja feita justiça ao povo, mesmo para aqueles que não conseguem viver em sociedade e para os que acham que o contribuinte tem que pagar pelos erros de suas escolhas emocionais, como no caso dos cônjuges traídos e dos amantes desamparados.

De norte a sul deste país, muitas pessoas nascem e morrem sob o jugo da injustiça, entretanto, se existisse entre nós um superjuiz capaz de desafogar o sistema jurídico brasileiro, ele não poderia nos ensinar um conceito de tolerância se não colocarmos um limite em nosso próprio ego. Temos direitos em excesso e isso nos faz ególatras legais que querem extrair dinheiro, castigar e subjugar uns aos outros para satisfazer as próprias necessidades de vingança e lucro usando a lei para tal.

Você já imaginou se um grande número de pessoas abandonarem os valores morais, religiosos, cívicos, familiares e passem a ter uma atitude de enfrentamento e/ou abandono das regras sociais? Os riscos são muito altos para a sociedade e o destino do grupo estaria ligado à conduta do indivíduo.

Justi agiu com consciência e vigor social nas situações que envolviam a investigação de paternidade e alimentos, pois esse problema costuma levar a outro maior: a questão do menor abandonado, que penaliza a mulher e a criança. É o elevado preço que a sociedade paga pelo que se esqueceu de ensinar aos filhos no passado: o respeito à mulher.

O juiz também julgou o caso dos meninos vândalos que depredavam as escolas e, como parte da sentença, os expulsou não lhes permitindo a educação gratuita. Alguns jovens não valorizam a educação pública, nem mesmo a privada, pois durante o tempo em que deveriam se desenvolver banalizou a instituição e os professores, não extraindo desta as ferramentas para seu sustento, pois saem despreparados para enfrentar o mercado de trabalho.

Muitos alunos ainda deixam marca de seu descaso com o patrimônio público e seu desleixo moral nos banheiros das escolas fazendo do local um confidente íntimo ao escrever muitos palavrões em suas paredes, registrando ali parte do seu emocional e de seus desejos eróticos, sabotando, portanto, o senso de ordem e disciplina que uma escola deve ter.

Sempre que vejo um banheiro público em condição de higiene precária, tenho certeza de que ainda não exercemos a democracia plena. Se todos entendem que o próximo da fila tem obrigação de limpar a sujeira do anterior, nós seremos uma "democracia" de banheiro: suja, asquerosa, sem respeito, sem pudor.

O Brasil precisa de uma reforma sanitária para acolher casos como o de Suzana, que não sofre por falta de saúde mental, todavia é uma sobrevivente da violência doméstica que precisa de um local acolhedor e sem preconceito para se recuperar, pois casos como estes têm deixado a ala da psiquiatria feminina com excedente, portanto, sugere-se mais disciplina para toda família a fim de melhorar a convivência.

E, no plano econômico, as mulheres que cumpriram seu papel de mãe e desejam voltar ao mercado de trabalho, mas não encontram abertura, poderia se valer da retaguarda de uma lei que lhes garantissem acesso ao emprego independente da idade, semelhante à lei que garante um percentual mínimo de pessoas com necessidades especiais nas empresas, pois muitas mulheres que vivem em casa têm condição de ser útil à sociedade de outro modo, mas em muitos casos, quando vão à busca por trabalho, são preteridas por pessoas mais jovens com a mesma qualificação.

Nossa Constituição é de difícil interpretação e a linguagem não é popularizada. Sobre isso, penso que, se nossas escolas de ensino médio oferecessem as matérias de direito civil, penal e constitucional em seus currículos, teríamos um preventivo para muitos crimes e, portanto, a redução da população carcerária. O aluno tem que se ligar e exigir esse tipo de informação na escola, pois o estado exige um comportamento legal, entretanto, não oferece informação para que o povo se comporte à altura dessas exigências.

Sobre os casos contra a família, cujos acusados eram os cônjuges infiéis, é bom lembrar que o Brasil não é um país que adotou a bigamia legalmente, embora alguns façam parecer que sim.

Agora fala sério, será que já não está na hora de nos tornamos uma sociedade que adota esse regime? Tendo em vista a vocação natural da lei para proteger a veia infiel do brasileiro? Dessa forma, os homens teriam mais responsabilidades com as mulheres e os filhos dessa união, porém, o regime só valeria se for igual para os dois.

Cidadão 1000

Justi e seus estagiários não mediram esforço para fazer justiça e pacificar a cidade. Isso pode render mais frutos com nossas atitudes. Tente seguir estas dicas:

- *Seja um pacifista, não alimente o ódio;*
- *Evite atitude que só beneficia você enquanto o resto do grupo pena por seu egoísmo e irresponsabilidade;*
- *Gestor do dinheiro público deve ser aberto e inovador na aplicação desses recursos, pois o desvio destes não é garantia de usufruto;*
- *Não abandone a boa-fé, a moral e a verdade;*
- *Evite os impulsos de violência, soberba, arrogância, engano e malícia;*
- *A honestidade é algo que se pratica entre as pessoas; então, comece por você;*
- *Você se torna violento quando tortura, mata, fere ou impõe algo pela força ou contra a vontade do outro;*
- *Paz é a ausência de conflitos; não se prenda a pequenos incidentes;*
- *Ajude os jovens a serem cidadãos melhores, educando-os para tal;*
- *Não despreze os conceitos tradicionais de boa conduta; evite modismos que desfiguram sua própria cultura;*
- *Pessoas honestas costumam ter seu caminho entulhado de obstáculos. Ignore isso, continue honesto e andando;*
- *Respeite as autoridades;*
- *Valorize o patrimônio público, preservando-o;*
- *Não passe trote para a polícia, bombeiro e outros, pois você pode gastar o dinheiro público sem necessidade, além de prejudicar quem realmente precisa desses serviços;*
- *Seja um gestor ambiental, melhore tudo a sua volta, sua casa, sua família, se for o caso, melhore seu relacionamento com seus vizinhos, faça uma lista de coisas a serem melhoradas e mãos à obra.*

Para você refletir:

Como é sua relação com sua cidade, com sua família, com seus valores? Você cuida ou você os sabota? Muito bem! Darei alguns exemplos para você medir seu nível de relacionamento:

Nível Infantil – Lembra-se das crianças? Pois é, elas se relacionam na base da dependência, choram, às vezes são inconvenientes, sujam o próprio espaço, fazem pipi em qualquer lugar, quebram tudo que veem pela frente, riscam as paredes, não são responsáveis por nada...

NívelTeen – Lembra-se dos adolescentes? São altivos e apressados, tem sempre razão, exigem, dão um toque de agressividade em tudo que não lhes pareça razoável; enfrentam, mas fogem; gostam de gritar com os pais e até professores, contestam, desprezam o porteiro do prédio, o policial, os pais, querem um mundo só deles com regras próprias.

Nível de trocas justas – Lembra-se dos adultos? Dá e recebe, trabalham, pagam impostos, mantém a casa, limpam, pagam as contas, correm para lá e para cá, tentam chegar no horário, produzem, cuidam das crianças, dos jovens e dos idosos...

Nível da celebração – Lembra-se da idade madura? Equilíbrio, trocas, concessões, negociações, baixa velocidade, respeito, responsabilidade, confiabilidade, apoio, preservação, tranquilidade, cidadania...

Para você continuar refletindo: Em qualquer idade espera-se um nível de acerto e maturidade compatíveis – pois quando a gente pensa que sabe responder todas as questões, a vida muda as perguntas.

Veja os looks de alguns estagiários de Direito que trabalharam na campanha de Justi.

7 Os espíritos das Capelas

Violência é uma questão de escolha

Durante o culto matinal, fizeram um pesado silêncio após o anúncio do falecimento de um membro da congregação localizada no subúrbio da grande cidade. Ao final da celebração, uma carreata dirigiu-se para o cemitério.

Durante a cerimônia fúnebre, as pessoas cantavam e falavam do falecido com um leve pesar. Ele tinha oitenta e sete anos e parecia feliz aguardando seus amigos para uma singela despedida no seu último dia sobre a Terra. Sua morte foi natural e no tempo certo.

Além da capela onde se encontrava o corpo do ancião, havia outras lotadas. Em uma, por exemplo, estava o corpo de uma mulher cujo marido chorava em silêncio. Pelos escritos na entrada, tinha a idade de trinta e oito anos e fora vítima de uma doença incurável.

Adiante, uma senhora de cabelos brancos que indicava idade avançada, estava sendo velada respeitosamente. Em outra, um senhor com bigode aparado de pouco se autovelava, pois naquele momento estava só.

Nessas três capelas, a sensação emocional era de um leve pesar, sem muita afetação para os parentes. Mas as outras estavam repletas de pessoas velando corpos jovens, mortos na noite anterior.

Os parentes choravam e se abraçavam inquietos frente à única coisa que jamais poderiam vencer: o confisco prematuro daquelas vidas. A partir dali, cada família teria de enfrentar o desafio de vencer seus próprios ímpetos de vingança e continuar em silêncio, para não serem dizimados pelos conflitos, visto que o domingo revelava o trágico resultado da bebedeira e da violência praticadas nos arredores da cidade.

– Será que estamos em guerra e não nos avisaram?

O avô desabafava sua revolta diante do corpo do neto.Ele tinha razão, pois a cidade parecia estar em guerra, dada a quantidade de pessoas para serem veladas não só naquele cemitério, mas em outros espalhados pela cidade.

Algumas mães e parentes das vítimas usavam um lencinho para enxugar as lágrimas que esvaiam suas esperanças, pois a vida fora totalmente rendida à mão poderosa da morte que também atende aos reclames da violência.

Nos rostos dos parentes que davam adeus aos seus entes queridos era visível a condição de cidadãos órfãos do Estado vivo: filhos sem escola, famílias sem hospital, pais sem emprego, ruas sem asfalto, casas sem água, noites sem luz. Os pais nascidos na terra inóspita e sangrenta plantavam seus filhos, humilhados em sua impotência.

Talvez outros no futuro frutifiquem em suas esperanças e colham os frutos que a estes não foi permitido colher, pois os espíritos das capelas, enfim renderam-se à estupidez mortal de uma terra sedenta por paz. Eles próprios choravam sobre seus corpos a retirada precoce de suas vidas, pois não havia mais oportunidade, nem recomeço.

Uma nova chance era o que desejavam os espíritos das capelas, para novamente abraçar suas mães; correr nos campos empoeirados feito moços peraltas; comer bolo de aniversário com os irmãos e os amigos; ir à igreja cantar no coro; correr na chuva saltando as poças de lama; levar bronca da mãe cuidadosa. Enfim, voltar a viver nos corpos jovens dos quais foram abortados, era o que eles desejavam naquele domingo.

Na capela em que estava o corpo do ancião o sermão fúnebre falava da precocidade da vida que, se for colhida em seu tempo, não causa tristeza nem dor. A própria natureza se encarrega de trazer a aceitação e o conforto necessário à continuidade dos que ficam.

Mais tarde depositaram o corpo do ancião sob a terra e sua despedida foi suave, mas a de um dos jovens trouxe revolta, choro e desespero quando os familiares viram mais uma vez a terra aberta para receber os corpos pouco vividos e guardá-los em paz, pois os homens ao exaltarem seus ímpetos e vaidades, cerrando seus punhos contra a paz, se esqueceram que são capazes de eles próprios protegerem seus filhos.

Comentários

Muito bem! O tema aqui é violência, um estágio da derrota que vem logo após a reprovação na matéria boa convivência em grupo. A falta dessa habilidade dificulta o desenvolvimento dos laços sociais e pode gerar baixos níveis de confiança uns nos outros, dando ênfase à violência como instrumento de regulação social; intimidando os jovens que, em represália, vão continuar o ciclo da violência.

Algo importante a ser considerado como meta neste tema é a adoção de uma conduta com valores simples e humanizados, tais como: a confiança, honestidade, generosidade, laços mais profundos entre pais e filhos e o desenvolvimento de habilidades sociais capazes de resolver conflitos sem o uso da violência.

A tensão do ambiente social pode baixar se as crianças crescerem com o acompanhamento de pessoas afetuosas, vigilantes, que respeitam os meninos e as meninas como indivíduo e valorizam a convivência em grupo. Naturalmente, isso gera uma cultura de valor direcionada à pessoa; confiança e cooperação mútua.

A televisão, como fábrica de sonhos e fantasias, talvez tenha muito a considerar a respeito desse quadro, pois seus filmes, suas novelas, seus seriados há muito não ofertam a paz. Entretanto, tem deixado aberto o espaço para que cineastas e produtores alucinados envenenem nossas crianças com imagens perturbadoras corrompendo a inocência e a serenidade infantis.

Minha preocupação nesse caso é com o sentimento de frustração ao se fazer comparações com a vida real. Tais pessoas se comportam como quem pede desculpas por sua falta de oportunidade e adotam comportamentos que não o induzem a melhorar a própria situação. Fiquem atentos a isso.

Etiqueta em velório

Já faz tempo que após a morte de um parente os familiares usavam roupas pretas em sinal de luto. Isso poupava à pessoa enlutada de rejeitar um convite social ou uma noitada entre amigos. Essas pessoas atravessavam o período de luto contando com a consideração e o respeito dos amigos e também dos desconhecidos, que entendiam a sinalização na roupa; fosse apenas uma pequena faixa de tecido preto pregada na manga ou no bolso da camisa masculina.

Hoje, entretanto, temos o hábito de abreviar até mesmo as dores em suas fases mais agudas e, consequentemente, o ser humano pode acumular doenças emocionais que se manifestarão no futuro. Para evitá-las, é preciso esperar o momento da cura natural e se preservar quando estiver em sofrimento.

O velório é um evento solene, uma despedida com emoção forte. Por respeito aos familiares, ao falecido e às pessoas que encontraremos lá, devemos ter bom senso na hora de prestarmos a última homenagem ao ente querido. Lembrando que não é algo comum alguém ter roupas específicas para ir a funerais, mas se houver um tempo para pensar no que vestir considere estas dicas:

- *Evite roupa decotada, de lazer, festa, bermudas, camisetas regatas, calça jeans com lavagem e modelo excêntricos;*
- *Mulheres ficam mais respeitosas se prenderem os cabelos, não usarem salto agulha e acessórios chamativos;*
- *São permitidos óculos escuros dentro da capela;*
- *Se o funeral for de políticos e autoridades em geral, as mulheres usam saias ou calça social com terninhos sóbrios, homens usam terno escuro ou calça social e camisa de manga longa de cor mais sóbria;*
- *Funeral de estrangeiros pode ter características diferentes das nossas em relação às cores das roupas e outros aspectos, pois muitos países tradicionalmente não usam o preto como cor oficial do luto e a cerimônia fúnebre é diferente, portanto, siga a regra deles;*
- *Evite fazer os parentes chorarem contando histórias com muito apelo emocional;*

- *Não fume dentro da capela;*
- *Evite o ar de descrédito quando o líder religioso estiver exaltando as qualidades do falecido, pois tudo na vida se encerra nesse momento;*
- *Em caso de inimigos entre irmãos, se o velório for do pai ou da mãe, é melhor que todos controlem as emoções e se despeçam em paz;*
- *Seque as lágrimas e o nariz segurando o lenço com a mão esquerda; deixe a direita limpa e seca para os cumprimentos;*
- *Algumas famílias permitem que crianças participem de velórios, cuidado, pois muitas não convivem bem com essas lembranças;*
- *Considerei certa feita algo de mau gosto em um funeral: um letreiro luminoso que passava o nome do falecido em letras vermelhas e velozes, como se fosse um aviso que a fila andou; evite esse tipo de novidade eletrônica em momento fúnebre, pois as crianças e pessoas sensíveis tendem a fixar essas informações de forma negativa;*
- *Muito oportuno o gesto solidário de oferecer um lanche coletivo para quem está no velório;*
- *A maioria de nós não sabe o que dizer em uma hora de sofrimento. Apenas diga sinto muito, lamento muito, nesse caso é melhor ouvir do que falar; a expressão meus pêsames está em desuso;*
- *Se o velório for na igreja ou mesmo na capela, deixe espaço próximo à urna para os familiares; os menos íntimos devem manter-se reverentes evitando transitar durante a cerimônia. Se for na casa ou em lugar pequeno, evite ficar muito tempo próximo à urna para que outros também se despeçam.*

Etiqueta em igreja

É muito complicado dar dicas sobre o que usar em uma cerimônia religiosa, pois se as pessoas acharem que não têm o perfil descrito podem se recusar ir à igreja. Definitivamente não pense assim, pois lá não deve haver preconceito nem barreiras que impeçam sua entrada, portanto, as dicas são para quem tem dúvidas sobre o que vestir. Não para se fazer um clube uniformizado.

Ir à igreja é um hábito que acompanha inúmeras gerações, pois é o lugar onde se adora a Deus e celebramos os ritos de passagem como os batizados, a primeira comunhão, os casamentos e os velórios. Inevitavelmente conheceremos muitos amigos e até a pessoa com quem havemos de nos casar. É de todo modo, um lugar sagrado para praticar a comunhão entre Deus e os homens. Portanto precisa de certa atenção e consideração. Seja como for, a igreja sempre será parte de nossas vidas, então:

- *Respeite todas as religiões e suas tradições;*
- *Evite aglomeração na porta de entrada e saída da igreja;*
- *Desligue o celular antes de entrar;*
- *Seja discreto ao cumprimentar alguém dentro do templo;*
- *Evite conversar e/ou se levantar durante a celebração;*
- *No momento da leitura da bíblia, não entre, nem saia do templo;*
- *Cuidado com perfume de cheiro forte;*
- *Aquele penteado no alto da cabeça atrapalha a visão da pessoa que está no banco de trás;*
- *Não masque chicletes dentro do templo;*
- *Só em último caso, reserve assento para alguém; mas para idosos, doentes e visitantes é compreensível;*
- *Em caso de casamento ou velório ceda os lugares na frente para os familiares destes;*
- *Em caso de apresentação de bebê, formatura e outros, é melhor ser desembaraçado para se apresentar à frente no primeiro chamado;*
- *Se estiver com sono, evite bocejar ou fazer cara de tédio;*
- *Deixe os pés voltados para baixo – evite fazer um quatro ao descansar as pernas deixando a sola do sapato exposta. Cuidado para não sujar a roupa do outro;*
- *Evite saltos enormes e barulhentos, bem como aquele monte de pulseiras ruidosas, os bolsões e cabelo molhado;*
- *Não use roupa curta nem cruze as pernas na frente de quem esteja ministrando a palavra;*

- *Usar roupa decotada, frente única, é desaconselhável, e pode deixá-la com jeito de pecadora, também evite blusa de alcinha e estilo nadador;*
- *A menos que você esteja com o pé engessado ou algo que justifique use bermuda, fora isso evite usá-la, também calça legging com blusa curta, minissaia, mini vestido ou roupa sensual estilo academia;*
- *Homens usam de dia preferencialmente as camisas sociais (de algodão), mesmo as de manga curta, ou uma camisa pólo;*
- *Evite camisetas com desenhos e/ou frases escritas, bem como a informalidade excessiva;*
- *Procure um visual clássico e monte seu guarda-roupa religioso a partir desse estilo (dica);*
- *As mulheres devem considerar uma maquiagem leve mesmo à noite;*
- *Receba os visitantes com cortesia, alegria e, se necessário, ofereça seu assento;*
- *Evite usar calças* jeans *com lavagem exótica, cheia de metais ou muito enfeitada;*
- *Não vá à igreja com roupa transparente, nem peça íntima marcante. Cuidado com a imagem de pecadora;*
- *Ao procurar um lugar para sentar, evite fazer e retribuir acenos quando a cerimônia já tiver começado, pois tira a atenção dos demais;*
- *Ao ofertar, ponha o dinheiro no envelope e deposite discretamente na urna; melhor que não saibam quanto está ofertando;*
- *Não se permita alimentar intriga, fofoca e outros dessa "família";*
- *Nunca é demais demonstrar especial consideração, carinho e atenção para idosos, crianças e enfermos;*
- *Quanto às tatuagens, sejam discretos, evite dar muita ênfase, pois na igreja o clima é outro;*
- *Aperto de mão lânguido é sinal de desinteresse, mas é melhor evitar aquele que de tão forte pode até machucar, principalmente em idosos, crianças e mulheres. (às vezes a pessoa pode ter bursite, tendinite)...*
- *Três beijinhos? Atualmente é melhor só um e de leve;*

- *Tenha sempre um lenço em mãos;*
- *Se tiver espirrando muito, use o lenço para evitar que o spray de saliva molhe seu vizinho, cuidado com assoadas de nariz, tosse, espreguiçada;*
- *Evite abraços calorosos entre gêneros. Tapas vigorosos nas costas como sinal de alegria? Evite;*
- *Não crie partido – de rico, de pobre, de raça, de feios, disso, daquilo...*
- *Um traje belíssimo em toda ocasião é a simplicidade e a educação, pois é uma veste que vem da alma. A roupa adequada é um diferencial, entretanto, a falta de respeito, arrogância e soberba sabotam qualquer produção.*

Para refletir:

Que tipo de ouvinte é você? É do tipo que isola o profeta para não ter que ser constrangido(a) a mudar de atitude ou é do tipo discípulo que tem a mente e o coração aberto para aprender? O que você faz com o que você ouve?

8 Perpétuo Socorro

Um hospital à brasileira

Perpétuo Socorro é uma dedicada médica cirurgiã que trabalha atendendo na emergência de um hospital localizado no movimentado bairro da cidade onde reside. Ela costuma virar as noites entre uma urgência e outra fazendo atendimentos complexos e delicados, curando os ferimentos do corpo de um e, às vezes, também, os ferimentos da alma de outro.

Ela e os outros médicos que se desdobram em mais de um emprego usam seus conhecimentos em favor dos pacientes exigentes e impacientes na cidade que tem alto índice de criminalidade, bem como acidentes de trânsito que ultrapassam a previsão de atendimento diário. O hospital, que não dorme, amanhece com pedidos de cirurgias, internações e atendimentos ambulatoriais que vão muito além da sua capacidade.

As filas viram o quarteirão, a troca dos médicos acontece às pressas, o mobiliário é sucateado e os enfermeiros pedem o apoio dos familiares para que tragam lençóis e roupas limpas de suas próprias casas. O hospital parece uma hospedaria para imigrantes, pois o povo não fala a língua dos médicos, nem os médicos falam a língua do povo.

Os doentes torcem o nariz para a comida cujo sabor parece ter fugido, os parentes se constrangem diante das condições oferecidas para seus enfermos e deixam o ambiente pesado com a dor do descaso: reclamam, gritam, furam filas, dão ordens, montam uma administração informal, sabotam o tempo do médico, ignoram quem estava na fila antes, ameaçam com processo judicial e chamam a imprensa para garantir o atendimento para o familiar.

Os jovens da cidade que brigam se ferindo com facas, tiros e acidentes de trânsito quando estão se esvaindo em sangue correm para o hospital. O local virou ponto de encontro para pessoas que antes estavam enfurecidas e agora estão feridas.

O centro de triagem está desativado e crianças com febre são deixadas em segundo plano, para priorizar o atendimento às vítimas com ferimento grave. Assim, o hospital segue sua rotina gotejando sangue nas madrugadas violentas da cidade.

– A tendência é o Estado patrocinar a doença da violência e deixar que as doenças naturais dizimem o povo.

Comentou o policial que acompanhava um detento.

Dra. Socorro, como é conhecida, passa suas horas de trabalho em estado de alerta, pois é comum os pacientes gritarem por socorro. Muitas vezes ela vai atendê-los instintivamente, sem que eles tenham lhe chamado.

A rotina do hospital é dura: pessoas que nunca valorizaram a vida querem ser atendidas pela emergência exigindo instantaneidade no atendimento, a recolocação de suas vidas em seus corações, novos pulmões e a purificação de seu sangue, que eles mesmos em muitos casos contaminaram. As suturas fecham a entrada da morte naquelas vidas acometidas por seu próprio desapego e descuido de si.

Socorro conhece bem a rotina do hospital e há algum tempo começou a fazer um tipo de mapeamento e contagens dos atendimentos utilizando um gráfico criado por ela e sua secretária. Durante um ano monitoraram os atendimentos no hospital, ao final do trabalho, tiveram um resultado intrigante, pois muito mais eram as pessoas que morriam de morte matada, acidente de trânsito, suicídio e acidente por descuido do que as que morriam de causas naturais. Revelando que algo errado estava acontecendo com o comportamento da população.

A médica e sua secretária faziam essa contagem para obter melhores resultados em seu atendimento e identificar o perfil do principal cliente do hospital. Com muitos dados nas mãos, Socorro foi à sala do diretor do hospital e lhe contou sobre sua iniciativa de monitorar os atendimentos.

Passado algum tempo, Socorro e sua secretária estavam no auditório do hospital juntamente com familiares dos pacientes, convidados da comunidade e a imprensa local, prestando esclarecimentos sobre o **Plano de Prevenção da Vida** criado pelas duas. A médica ligou o computador e em instantes estava projetado no telão o nome do plano e fotografias do hospital que mostravam o estado anterior e o atual.

Começou falando:

– Senhoras e senhores, estamos aqui para fazer alguns esclarecimentos sobre os problemas enfrentados no dia a dia deste hospital. Esse assunto diz respeito a todos nós, pois quanto mais cedo nos unirmos para solucioná-lo melhor será para todos.

Este Hospital foi projetado para atender aproximadamente mil pessoas por mês, mas hoje nosso atendimento triplicou. Atualmente nascem muito mais pessoas do que se esperava para uma cidade como a nossa. Além disso, desde sua inauguração a população se adaptou ao estilo de vida moderno adquirindo novos hábitos comportamentais e alimentares.

Entretanto, o hospital não se preparou para atender as doenças ditas modernas e sequer temos equipamentos atualizados. Os medicamentos não são suficientes para todos os enfermos, e não temos como amenizar essa e outras situações, a não ser contando com o apoio de toda população.

Continuou falando:

– Fiz observações a partir do comportamento dos pacientes locais e gostaria de contar com a colaboração e compreensão de todos vocês para melhorar a qualidade de vida do grupo de diabetes e hipertensos. A dica número um é: evitem o uso excessivo de sal, açúcar, gordura e bebida alcoólica, é preciso boa vontade e disciplina no controle dessa doença.

Outra situação que tem tirado o sono do administrador do hospital é o atendimento de emergência causado por violência e acidentes de trânsito. Nós não temos capacidade para atender com a urgência que os ferimentos à bala exigem e, portanto, é preciso frear os ímpetos e adotar uma cultura de paz como preventivo para este mal, bem como ser mais comedidos no trânsito.

Outro problema que tem nos envergonhado é a questão da dengue: isso é doença de lugar pouco desenvolvido. Somente vocês poderão resolver esse problema, simplesmente limpando e recolhendo todo entulho depositado nos quintais das casas não deixando água limpa depositada nos vasilhames.

Um assunto também muito preocupante é sobre a quantidade de nascimento de filhos de pais desconhecidos para as próprias mães. Existe uma demanda excessiva para o serviço social, que mostra dificuldades para os pais custearem as despesas com a criança; nesse particular, gostaria de esclarecer que uma situação como essa tem causas que vão além da gestação.

E já adentrando a vida privada, cujo reflexo se vê na saúde da família, percebo que muitos filhos não são receptivos ao amor nem à orientação que recebem dos pais e, também, não valorizam a estrutura familiar impondo a eles uma convivência involuntária com micro famílias geradas dentro de suas próprias casas.

Embora esse comportamento tenha licença de toda sociedade, isso é um toque de maldade que costuma penalizar a mulher, gerando constrangimento e ansiedade para ela e para sua família. Mais tarde, os envolvidos podem ficar presos em uma relação entre pais e filhos desconhecidos. Sugiro mais atenção nas questões de relacionamentos sexuais.

A alimentação do nosso povo tornou-se conceito de instantaneidade: muitos jovens têm desprezado a alimentação tradicional se tornando consumidores ávidos de comida rápida. Diante disso, peço a todos que não se distanciem do ritmo alimentar que serviu de base para a geração anterior. Portanto, tragam de volta a ideia de uma mesa simples, mas com qualidade.

Por fim, a doutora esclareceu para a população muitos problemas enfrentados pelo hospital e, pessoalmente, empenhou-se em buscar uma solução para o caos na saúde pública popularizando a educação sobre saúde pessoal e coletiva de sua cidade. Sabia, entretanto, que a resposta a todo o seu esforço estava na boa vontade da população. Para isso contou com ajuda de voluntários, da imprensa e das igrejas que divulgavam para seus membros o plano da Dra. Socorro, cujo objetivo e beneficio é trazer mais qualidade de vida para a população.

Comentários

Visitei certa feita um hospital que havia sido inaugurado há pouco. Tudo parecia perfeito: as máquinas e todo o mobiliário eram novinhos. Um ano depois, porém, parecia uma rodoviária, pois o povo que vinha de outros estados se aglomerava com suas malas em busca de tratamento para seus parentes em estado grave. Sem capacidade para suportar a demanda, a emergência ficou pequena demais para tantos pacientes.

Muitos estados do Brasil investem pouco em saúde e deixam seus moradores sem assistência buscando atendimento fora do seu domicílio, transferindo o ônus e a responsabilidade para médicos que não conhecem o histórico do paciente. É como alguém que se nega a cuidar dos próprios filhos e os envia para a casa do vizinho para que este tome conta.

Neste quadro, o governo tem especial responsabilidade, pois não equipa as cidades menores com aparelhos básico como máquinas de raios-X, ultra-sonografia, nem com pessoal qualificado para seu manuseio e, quando estas máquinas quebram, leva muito tempo para ser consertadas, mostrando a precariedade da administração dos serviços público e a humilhante falta de acesso à saúde neste país. É preciso mais vigor da população para exigir dos responsavéis, soluções eficientes.

A questão da saúde pública brasileira sofreu uma mudança de diagnóstico, erradicaram-se muitas doenças com a vacinação em massa, mas nós temos outras totalmente adquiridas de nossos comportamentos: a violência, por exemplo, têm feito dos hospitais verdadeiros hospitais de campanha. Os médicos que não receberam treinamento para atendimento em guerra se desdobram para atender aos feridos em suas exigências legais.

As mesmas doenças adquiridas com tanta frequência podem ser consideradas um descaso com a própria saúde – e desconsideração com o contribuinte que paga a conta do tratamento.

A Dra. Socorro comentou em seu plano sobre gravidez, cujo pai da criança a mãe não sabe quem é. Isso é um perigo genético que ronda as pequenas cidades, pois um único homem pode ter muitos filhos sem que ele saiba, aumentando as chances de haver casamentos entre irmãos.

Saúde e hábitos alimentares têm tudo a ver

Nossos hábitos alimentares sofreram uma violenta interferência cultural, que resultou no que podemos chamar de envenenamento em massa provocando uma pandemia de obesidade na população cujos reflexos são visíveis na saúde pública, no transporte, na indústria têxtil, que ainda não acertou a modelagem ideal para as brasileiras desta geração, na vida profissional e pessoal de quem excede seu peso.

A variedade e a quantidade de comida revelam quanto o Brasil cresceu nessa área. A distribuição, todavia, ainda é precária, pois não consegue fazer a comida chegar ao Norte do país, por exemplo, com preço acessível.

Cemira (outro personagem deste livro) plantava boa parte de sua própria comida; pelo seus relatos, a família dela não passou por esse tipo de necessidades, graças em parte ao seu bom desempenho como dona de casa, pois bem cedo já tinha aprendido a extrair o sustento de seu próprio quintal; isso seria um ótimo exemplo para Fátima (capítulo cinco), que não sabia cultivar nem preparar os alimentos da família.

Aos poucos o abandono da alimentação natural vai dando espaço para a comida industrializada e instantânea, deixando para trás e até no esquecimento uma opção de alimentação saudável e barata: a boa comida preparada em casa.

Uma coisa para ser analisada em família é a resistência contra os alimentos, pois muitos jovens torcem o nariz para cheiros e gostos diferentes e viraram adeptos da monotonia alimentar, e quando chegam à fase adulta, continuam se alimentando como se ainda fossem crianças ou adolescentes, resistindo a qualquer novidade gastronômica. Busque o amadurecimento alimentar, pois cada fase tem alimentos próprios.

Etiqueta em hospital

A dinâmica hospitalar de hoje não é mais a mesma de anos atrás, e se os familiares não tiverem convicção de que precisam ajudar no gerenciamento da internação de seus parentes e até na sua própria, o ambiente pode ficar desumanizado e inóspito. Considere estas dicas para não tumultuar o local:

É preferível

- *Usar sapatos baixos, roupas simples e leves, para o caso de precisar dar uma força com o paciente;*
- *Levar livros e outros entretenimentos;*
- *Telefonar ao invés de visitar no caso de não ser íntimo da pessoa enferma;*
- *Vestir roupas claras, pois evitam o clima mórbido que tons escuros provocam em um hospital;*
- *Falar baixo, evitar risadas exageradas;*
- *Chegar no horário da visita estipulada pelo hospital;*
- *Contar histórias de superação e outras do herói favorito para crianças a deixá-la cansada com brincadeiras em excesso;*
- *Omitir informações negativas;*
- *Se o visitante for depressivo, contenha-se, não deixe a pessoa lá em baixo com comentários negativos;*
- *Não oferecer cigarro nem bebidas ao doente;*
- *Oferecer ajuda para o banho, troca das roupas e higiene em geral;*
- *Lavar as mãos ao chegar e ao sair do hospital;*
- *Fazer uma reunião em família para decidir quando darão uma notícia desagradável;*
- *Não tirar a limpo histórias não resolvidas antes da internação;*

- *Perguntar ao paciente se aceita a visita do ex-cônjuge, por exemplo, se a separação foi recente ou outros cujo relacionamento é conflituoso;*
- *Evitar falar no assunto dinheiro, dívidas, obrigações do paciente, afinal ele está internado para se recuperar.*

Evite

- *Sapatos barulhentos, roupas grossas cheias de tachas e fivelas;*
- *Cheirar a suor;*
- *Pegar na mão do médico; pois pode ter acabado de lavá-las para um exame; a não ser que ele a ofereça;*
- *Levar problema para o hospital, mesmo que o doente pergunte;*
- *Sentar na cama do paciente;*
- *Fumar dentro do hospital;*
- *Evite se mostrar desconfortável com o ambiente, pois vai deixar o paciente inseguro;*
- *Falar muito ao celular; dar máxima atenção ao doente;*
- *Não faça alarde dizendo que um parente ou conhecido morreu da mesma doença da qual hoje ele(a) se recupera;*
- *É duro dizer isso, mas evite abraçar, tocar ou tomar água no mesmo copo de pacientes com doenças contagiosas; isso é prevenção, não ato de desumanidade;*
- *É preferível adiar a visita quando estiver embriagado;*
- *Se a visita é para bebês, procure estar bem higienizado e não falar alto perto da criança e da mãe, pois estão sensíveis.*

A doutora Perpétuo Socorro tem estilo clássico e seu guarda-roupa reflete isso.

9 A presença delas

Nem tudo é o que parece

– Mulherada descontrolada, todas falando ao mesmo tempo, haja paciência.

Disse Júlia, participante de um grupo de amigas jovens, com a vida profissional em pleno vigor, mas que se reúnem uma vez por mês para por o assunto em dia.

As mulheres, que são amigas desde a época da universidade, formam um grupo intelectualizado. Júlia e Marcela, por exemplo, são advogadas e conhecem bem a rotina forense; as duas têm namorado, e nas questões do fórum dizem que se envergonham da maldade humana diante dos casos que elas analisam diariamente.

Renata e Patrícia são psicólogas, trabalham com psicologia clínica e não desejam se casar, pois acham o casamento um bem desnecessário. Meire e Gabriela são engenheiras e trabalham com homens de todos os níveis sociais e culturais. Elas têm em comum a convivência em ambiente masculinizado, no qual a presença delas causa visível desconforto à ala masculina.

Meire e Gabriela participavam de um churrasco oferecido pela empresa do ramo da construção civil na qual trabalham, quando seu chefe pegou nos cabelos de Meire elogiando-os, pois ele nunca os vira soltos durante o expediente. A moça ficou quieta, fazendo uso de uma técnica usada pelos animais, conhecida como imobilidade protetora: não esboçou reação. (A técnica consiste em se fingir de morto para não despertar o interesse do predador). Simplesmente esperou os comentários terminarem e se retirou.

Foi mais adiante, trocou meia dúzia de palavras com outro colega, todavia à medida que avançava em sua excursão social teve certeza de estar em um mundo estranho e de difícil interação, contudo, aproveitou a oportunidade para catalogar mentalmente as impressões que ela e sua companheira deixavam nos rostos dos seus colegas.

Meire tinha a sensação de que, em algum momento da vida masculina, há um desligamento da imagem feminina na mente do homem, algo como se quebrasse a ligação natural com a mãe e as irmãs, a partir daí eles passam a ter somente a percepção da mulher como parceira íntima.

O que tudo indica é que o tema erótico a que muitos homens são expostos, involuntariamente ou não, pode ser o motivo para que se habituem a um mundo particular que consideram relevantes para sua sobrevivência sexual. – Refletia sobre isso em silêncio.

Não há como conviver com alguém com quem não estamos comprometidos, mas que desperta sua sexualidade, avaliou Meire, que continuava refletindo em silêncio sobre essas questões durante toda a tarde. Pode haver sim um desligamento que atinja a convivência pacífica entre homem e mulher, pois alguns homens, ao vê-la passar, desviavam o olhar para cima, mostrando indiferença.

Gabriela tentou conversar animadamente com um colega, mas este se esquivava e, antes de dez minutos de conversa, já era visível o incômodo do rapaz. A conversa tomou outro rumo, pois ele parecia passar-lhe uma cantada, como se o fato de ela lhe oferecer atenção o obrigasse a checar o interesse da moça por um possível encontro a dois; caso contrário, teria de despachá-la de sua presença o quanto antes.

A moça ficou atordoada com a possibilidade de um envolvimento casual e enumerou mentalmente várias coisas que poderiam acontecer: uma delas seria um encontro vazio de assunto e propósito; outra seria uma relação sexual fortuita, correndo risco de engravidar; algumas ligações telefônicas sem emoção ou uma possível quebra de confiança com toque de preconceito entre os dois. Desistiu, pois não havia a menor chance de um envolvimento dessa natureza.

– Com certeza deve haver uma maneira de se comunicar com os homens sem que haja obrigação de se ter uma postura vigilante e cansativa para evitar possíveis desgastes morais e apelação verbal diante de um colega pouco atento à evolução das relações pessoais e profissionais, falou Meire, desabafando isso com a colega.

A reunião do mês trataria desses assuntos, tão corriqueiros quanto incômodos. Renata e Patrícia dessa vez assumiram a organização do encontro, que foi combinado para um sábado no apartamento de Júlia. As duas psicólogas se dispuseram a avaliar a intrigante situação que as duas moças enfrentaram durante o churrasco.

No dia marcado, todas muito falantes, como sempre, se atropelavam nas palavras e nos risos, até que finalmente sentaram-se e começaram a falar dos incômodos vividos por elas em seu dia a dia.

Renata assumiu a posição de mediadora, dando início a algo como uma consulta coletiva. Patrícia também se posicionou para ouvi-las e fez algumas anotações em seu bloco particular. Anotou, por exemplo, a maneira como as advogadas se alteravam quando mencionavam os últimos episódios no fórum envolvendo alguns acusados.

Elas tinham de lidar com o assédio masculino, que mais parecia interessado em constrangê-las do que mesmo prestar atenção enquanto elas falavam. Para não parecerem convencidas nem altivas, ficavam em silêncio, mas isso tinha efeito contrário ao que se podia esperar, pois para alguns homens era sinal de aceitação de suas cantadas.

As "pedreiras", como eram chamadas carinhosamente entre elas, queixavam-se das atitudes dos colegas, pois as palavras e os gestos tinham conotação sexual de difícil assimilação, e ainda tinham de passar pelo constrangimento de serem consideradas pessoas volúveis, pelo fato de aceitar um convite para uma atividade social de um colega e depois aceitar de outro sem entender, em alguns casos, quais eram as reais intenções de quem convidou, e assim ficavam com a sensação de ser propriedade de quem fez o convite primeiro e de que o sinal para continuar sua busca afetiva estava no vermelho.

Era preciso estar sempre com o alerta moral ligado, às vezes em respeito à cultura de um colega machista e, também para se defender de possíveis títulos de origem preconceituosa que destruiriam suas reputações e imagens.

– Essa situação é muito delicada, pois quanto mais alguém anda na linha, mais as pessoas esperam um comportamento continuamente assertivo. Exige-se, portanto, muito da mulher. Em quase tudo parece haver uma armadilha que conspira contra sua integridade moral. E a quem interessa tanto controle?

É constrangedora a leitura fácil que fazem de meu comportamento: quando estou ansiosa, por exemplo, parece que tudo se resume à TPM (Tensão Pré-Menstrual); insultam-me com essas críticas como se eu tivesse controle sobre meu estado hormonal; a indiscrição sobre isso beira à ofensa.

Uma a uma, fizeram comentários em tom de desabafo. Porém, as duas psicólogas só ouviram. Depois de uma pausa, Patrícia mostrou algumas anotações para a colega. Por fim, Renata falou sobre suas percepções:

– Amigas! Vejo que não é "privilégio" só de vocês, pois temos presenciado experiências igualmente embaraçosas no consultório. Muitos homens, sem perceber, têm necessidade de impor sua superioridade em relação à mulher mesmo que seja pela violência psicológica contra ela.

Penso que cada um de nós tem um arquivo mental de imagens relacionadas ao tema erótico que não pede licença para se manifestar. Tampouco nós aprendemos a pôr uma barreira em nossas mentes e ficamos refém do estímulo involuntário; consequentemente, muitos pensam nessa atividade boa parte do tempo.

A presença de uma mulher para alguns homens é algo com o qual não sabem lidar, e muitos ainda não estão acostumados a vê-la como alguém para dividir o mesmo espaço com outra atividade que não seja relacionada à convivência em família, seja como mãe, amante, esposa ou namorada.

De modo geral, as mulheres parecem aceitar mais a presença masculina sem tanta afetação. Nesse caso, espero que vocês mantenham o controle; sempre deixem uma boa impressão e mantenham o respeito por seus colegas.

Depois de expor os fatos que eram impedimentos para o bom andamento da vida profissional, se despediram do mesmo jeito que chegaram: rindo, falando, se atropelando nas palavras, e com muitas estratégias para lidar com os homens no ambiente de trabalho.

Comentários

Embora já tenha mencionado algumas questões nas quais o preconceito é quem dá o tom da relação, esta situação é diferente, pois conta um pouco da difícil interação homem-mulher no ambiente profissional, das relações complexas mentalmente agressivas e incriminadoras sem motivos que as justifiquem, das impressões que eles e elas têm um do outro, dos sofrimentos causados pelo contraste cultural e das tentativas de encontrar uma estratégia emocional para sobreviver a certas imposições no ambiente de trabalho.

Muitas mulheres se queixam do tratamento confuso e até preconceituoso que recebem dos colegas quando vivem em ambiente masculinizado, pois costumam ser mal interpretadas, como se o único meio para um relacionamento entre gêneros fosse o relacionamento erótico.

Entretanto, elas gostariam de quebrar essa barreira cultural e viver em harmonia com seus colegas de trabalho sem prejuízo para sua moral. Anseiam, por exemplo, fazer uma atividade social com eles sem ter que ir depois a um psicólogo para tratar do estrago emocional causado por atitudes preconceituosas.

Situações dessa natureza às vezes dominam o ambiente de trabalho e demandam tempo até se compreender as normas não escritas nem negociadas, mas impostas no silêncio do preconceito. É um desafio para grupos de diferentes culturas que se desdobram para não se sentirem diminuídos nem rotulados em seu próprio local de trabalho.

Muitos homens se escandalizam com a praticidade emocional de mulheres mais liberais, entretanto as mulheres "de família" não estão vendo vantagem em pagar a conta emocional nem moral do jugo de um relacionamento profissional ou afetivo sem garantias de reciprocidade.

Para as mulheres sempre foi mais fácil se aproximar dos homens, pois elas, na posição de mães, os carregam durante a gravidez e até quando se põem moços são amigas e confidentes, portanto conhecem bem sua alma, pois isso é instintivo, razão pela qual lhes asseguro que nem toda aproximação feminina tem segundas intenções.

A atitude de Meire ao usar a técnica dos animais para se livrar dos "predadores" é uma defesa instintiva contra um traço moral de difícil assimilação em nossa cultura: o velho jogo emocional da vovó, do quanto mais difícil, melhor. Muitas mulheres não mostram entusiasmo em se declarar uma presa difícil – nem se deixam levar pelos instintos do macho que deseja uma conquista que lhe demande esforço; tão pouco reagem às cantadas e até aceitam uma ou outra, saindo livres de insultar um amigo com quem ela não pretende ir além.

Neste contexto, cuidado para não se tornar um homem inconveniente, licenciando-se para divulgar informação entre os outros a respeito do tempo que levou para conseguir um encontro e desvalorizar a pessoa que deu uma resposta rápida à situação. Evite, portanto, avaliações preconceituosas.

Depois de tanto lutar por seu espaço e por igualdade de condições, a mulher está mais próxima de sua emancipação financeira, moral e social, mas ainda trava uma batalha pela aceitação e posse de suas conquistas na mente dos homens, pois algumas delas têm aceitação lenta e gradativa.

Sobre essa situação, nota-se que no nível mais elevado da pirâmide social ou nos lugares onde a renda e a cultura dela e dele são altas, os homens até perdoam os deslizes femininos morais e culturais e são mais brandos com com essas questões.

No médio, com salários compatíveis e forte tradição machista, e muitas mulheres dependentes financeiramente, o cenário é confuso, pois muitos homens negociam os deslizes cometidos por elas, de modo que eles não tenham sua imagem desvalorizada, mas na intimidade se tornam um carcereiro que aprisiona o espírito feminino exigindo reparação, impondo a estas uma convivência com o perdão aparente e cobranças constrangedoras.

Na base onde tudo é básico, há pouco o que negociar, pois a custo zero os homens são os senhores absolutos da vida e da sanidade mental das mulheres que preservam seus instintos de procriadoras, mas não encontram respaldo no papel masculino de provedor, e desse modo a conta não fecha.

E no geral, a pirâmide dos conflitos culturais e afetivos segue uma tendência: se alguém tem como pagar suas indulgências morais, culturais e sociais, seja com qual for a moeda é aceita e tudo flui. Aí você estará no topo, ou seja: o amor, a compressão, o perdão vão lhe levar para o alto da consideração do seu parceiro(a).

Mas dentro do jeitinho brasileiro também há solução para a turma que não consegue pagar seus pecados à vista, mas em suaves prestações; assim também se livrando da inquisição com direito a circular pelo meio. Ou seja, seu perdão, seu amor, são veículos de acordo com sua direção, quanto mais perdão, mais liberdade para ambos.

A maioria que não pode pagar, mas deve em excesso, é possível fazer um "crediário" para quitar a dívida gerada pelos desencontros culturais e afetivos, mas enquanto você não quitá-la com aceitação e afeto ao seu par; caso você seja realmente irresistível poderá circular na base da pirâmide dos conflitos emocionais, pois a cobrança e a vigilância contínua são os serviços que mais funcionam nesse emaranhado de confusão cultural que se confude com a emocional, portanto renove seu pensamento e sua cultura para ter qualidade nos relacionamentos.

Refletir para entender as diferenças culturais nos relacionamentos

Alguém já fez você se sentir como um bicho do mato por causa dos seus costumes? É quase isso que acontece quando não se busca conhecer outras culturas e faz da sua própria o bem maior de todos destruindo tudo que não consegue lidar. Isso não é valido, pois é mais rica a fusão do que anular os costumes do outro. Considerem estas dicas para refletir sobre o assunto:

- *Pessoas com alto grau de convicção de que seus costumes e cultura são os que estão certos e de que servem para toda a humanidade correm risco de se tornarem ditadores, ficarem isoladas e até de serem ignoradas;*
- *Esqueça aquela coisa "grosseira" de que a mulher ideal é a que se comporta com feminilidade e só abre a boca quando é convidada;*

- *O que você, homem, faria se recebesse flores de uma mulher? Permita-se a isso e a outras iniciativas femininas, não convencionais;*
- *Ainda existe em algumas mentes brasileiras, a ideia de que lugar de mulher é na cozinha; que determinado trabalho não foi feito para homens. Isso é forte sinal de pouca cooperação e muita exploração do trabalho feminino;*
- *"Se eu trair minha mulher, ela até pode pedir a separação, contudo jamais fazer o mesmo". Abandone esse pensamento e aceite o que virá depois de uma atitude como essa;*
- *Caso decida se casar com uma mulher puritana, que não deixe pôr a mão em lugar nenhum, tendo em vista sua castidade, pense: se esse comportamento continuar depois do casamento?;*
- *E se ela for uma interesseira que nunca o traiu, mas cujo senso de oportunismo você hoje não aguenta?;*
- *Perceba que os valores mudam e o que parece ideal se dilui com o tempo e com suas necessidades.*

O poder de mudar os costumes preconceituosos está nas mãos de quem educa. O repasse cultural é algo sério, e se as pessoas não corrigem injustiças que se comete ao longo do tempo, não há como melhorar o mundo.

Para você refletir:

O cenário de transição para a nova realidade feminina no Brasil, em muitos aspectos, ainda não permite que ela usufrua de sua liberdade e do seu desenvolvimento. Nessas circunstâncias, as mulheres podem viver muito tempo sem saber o que fazer com sua liberdade. Reflita sobre isso e encontre uma estratégia para desfrutar dessa conquista de modo mais justo para você.

Veja mini coleção com uma peça de cada amiga.

10 Coronel Ciros e Capitão Norton

O povo e a polícia

A cidade naquele dia estava sob um tenso clima de incertezas. Coronel Ciros, destacado comandante de polícia, tem raiz profunda na disciplina e na força moral; seu colega e também amigo Capitão Norton, homem culto e sensível, havia chegado de uma viagem de estudo trazendo em sua bagagem alguns conceitos sobre administração de caos e o restabelecimento da ordem pública através da renovação dos valores cívicos e da força moral.

O departamento de polícia daquela região estava sucateado e os membros da corporação pareciam não entender qual a finalidade da contratação do efetivo policial pelo Estado, pois poucos queria assumir as funções de um agente da lei. A maioria do efetivo talvez estivesse ali por uma visão romântica da missão policial; além disso, a burocracia travava as ações básicas da segurança local. Somadas a isso, muitas incertezas políticas distorciam o papel da polícia de modo comprometedor.

A cidade que abrigava o quartel onde o coronel e seu amigo prestavam serviços antes se chamava Caçada Livre. Há tempos fora batizada com esse nome pelo Coronel Roberto Rui, seu fundador e morador, mais conhecido como Coronel RR. O militar tinha o hábito de sair para caçar com seus amigos e impunha regras simples e claras: qualquer caçador deve caçar somente o suficiente para alimentar a si próprio e a sua família; desse modo, os homens, os animais e a natureza destes viviam em relativa harmonia.

O coronel faleceu velho e feliz, mas seu filho Coronelim, como era conhecido na região, tomou rumo contrário ao do seu pai, tornando-se um caçador selvagem. O homem abusava de sua autoridade e até mudou o nome da cidade para Tudo Pode quando entendeu que o antigo nome não era adequado ao seu estilo de caçada.

O local hoje não se parece em nada com a antiga Caçada Livre, pois literalmente se tornou uma cidade sem lei que atrai todo tipo de aventureiro e caçadores, agora não mais de animais, mas dos próprios moradores, que se tornaram presa fácil para eles – tamanha a desordem instalada na região.

O comandante da polícia e seu colega não tinham a dimensão da real situação do que ocorre na localidade, por isso os dois criaram estratégias de ação para obter uma visão panorâmica do cenário.

Começaram usando as informações que o capitão tinha em mãos: relatórios com números e planilhas, mas a tática era simples: doravante sairiam às ruas para observar de perto as motivações para os crimes. Norton intensificou sua agenda social e Ciros passou a fazer esportes ao ar livre em vários locais da cidade.

Em dois meses, tinha em mãos o panorama parcial de uma das situações que há muito constrangia a população: tratava-se de uma rede de prostituição infantil com muitas meninas grávidas de pais desconhecidos. Visivelmente não havia responsável direto por aquela situação, nem quem assumisse a paternidade das crianças. Muitos dos pais das meninas grávidas recorriam à Justiça em vão, pois os suspeitos sempre se livravam da acusação.

Diante da epidemia que envergonhava a população, o coronel, juntamente com o pessoal de outras delegacias, fizeram uma batida nos principais pontos de prostituição da cidade, levando presos os agenciadores das menores e elas próprias.

Alguns meses depois, as jovens que haviam sido recolhidas estavam saindo do processo de recuperação, no qual receberam assistência social, psicológica e profissionalizante. Entre elas, muitas estavam grávidas, provando o que o coronel já esperava. Contudo, a decisão mais difícil para ele foi tomar os nomes dos supostos pais.

Feito isso, o coronel Ciros, o capitão Norton, uma equipe de soldados, um delegado, viaturas, uma menor grávida e seu pai foram à casa de um dos acusados. Tratava-se de um senhor de certa idade. Quando ele viu a moça e todo o aparato da polícia, estremeceu.

O coronel disse-lhe que ele era acusado de ser o responsável pela gravidez da menor ali presente, mas ele negou friamente diante da esposa atônita, e ainda disse palavras de baixo valor para a jovem. O policial não se deixou intimidar e o levou para averiguação; mais tarde o exame confirmou a paternidade da criança.

O único meio encontrado para tirar os jovens das ruas foi recolhê-los para um local seguro. Assim, fez quantas abordagens foram necessárias, desmascarando um bando de raposas velhas, astutas, corrompidas e egoístas que se aproveitavam da miséria alheia transformando os garotos em verdadeiros frangalhos humanos; as meninas, que ainda não haviam saído da infância, adoeciam com a banalização de suas vidas ao trocar seus corpos por migalhas.

Ciros lutou bravamente em favor dessa causa e deixou claro que sua intenção era recuperar os jovens, pois os velhos há muito destruíram seus valores. O comandante fez cada pai pagar à custa do hospital e, em vários casos, os obrigou a cuidar de seus próprios filhos. Não seria justo com a criança, pois cedo ou tarde acabaria em um abrigo patrocinado pelo contribuinte tornando-se mais uma possível vítima do sistema.

Depois de ver os resultados, a imprensa deu total apoio à campanha do coronel e do capitão. A população se conscientizou e finalmente entendeu que esse tipo de violência contra a criança é crime e, portanto, caso de polícia. A sensibilidade e a boa-fé dos dois oficiais e de sua equipe foram além do que o serviço policial lhes exigia e permitia.

O foco da ação dos dois policiais agora era um antigo problema que afligia a cidade envolvendo um grupo de garotos motoqueiros que não respeitavam as leis de trânsito e pareciam fazer suas próprias regras. Um deles desafiou o coronel Ciros para um racha de motocicletas depois que fora intimado a depor por ter pilotado sua moto bêbado, aterrorizando a população com o barulho ensurdecedor do motor envenenado.

Ciros aceitou o desafio. No dia marcado, ele, Norton e sua equipe foram para o local usando as motos da polícia. Quando chegaram ao local combinado, o líder do grupo veio recebê-los com deboche. O moço não conhecia o coronel, mas foi apresentado por um soldado. Ciros lhe estendeu a mão e disse-lhe:

– Como vai meu jovem?

O rapaz tremeu diante da maturidade e segurança do comandante, que continuou falando:

– Espero que tenha noção do que fez. Vejo que você e seus amigos estão entusiasmados com a ideia de pôr abaixo todo o moral de minha equipe, somente para promover sua liderança. É pena que alguém com tanta capacidade não tenha tido a clareza para escolher a quem liderar, mas só atendi seu convite para dizer que a polícia não participa de rachas, pegas, e não expõe vidas de pessoas, inclusive a sua, neste caso...

O rapaz logo entendeu que tinha caído em sua própria armadilha e saiu acelerado em sua motocicleta. Ciros percebeu que todos haviam ligado os motores e sairiam em uma caçada feroz ao delinquente. Mas ele sinalizou negativando a ação dos policiais, pois ele mesmo esperou que o jovem tomasse uma distância razoável e saiu em seguida atrás dele.

Os rapazes, que já estavam acostumados a participar de rachas, gritavam, aplaudiam e se agitavam. Pelo retrovisor o comandante percebeu o cenário e orientou a tropa para que prendessem a todos. Os policiais motoqueiros fizeram um grande círculo em volta dos jovens enquanto o coronel perseguia seu líder.

Ciros finalmente o alcançou e lhe ordenou que parasse, contudo, o jovem continuava debochando do policial, mas ele caiu em seguida com o rosto na terra. Pelo rádio, Ciros avisou aos outros para seguir o "plano dois" e, depois do sinal, os policiais desceram de suas motos dando voz de prisão para o resto do grupo enquanto um caminhão da polícia se aproximava. Do alto da carroceria, um policial posicionava uma rampa para que um a um subisse com sua própria moto no caminhão que os levaria direto para a delegacia.

O coronel esperou que todos subissem no veículo e, quando se aquietaram, trouxe algemado em sua moto o líder do bando. Envergonhado diante de todos, não levantou a cabeça. Em seguida, seguiram pelas ruas da cidade enquanto os moradores aplaudiam os policiais pelo espetáculo de determinação, e mais uma vez Ciros e sua equipe puderam contar com o apoio da população, que passou a ter paz no trânsito desde a prisão dos moços.

Acomodado esse caso, algum tempo depois, o capitão Norton trouxe em seus estudos um gráfico estatístico dos casos que envolviam vários prestadores de serviços. A região era um ninho de espertalhões que, atraídos pelo nome da cidade, faziam daquele lugar um verdadeiro paraíso para a prática desses abusos.

Tratava-se de pessoas e falsos prestadores de serviços que não honravam seus compromissos e, normalmente, depois que recebiam um pagamento para fazer um serviço, sumiam com o dinheiro; no meio do contrato, pediam aumento ou abandonavam o cliente sem concluir o acordo.

A frequência com que isso acontecia paralisou o setor de serviços da cidade, aumentando significativamente as ocorrências policias, uma vez que a localidade não contava com o apoio de delegacias do consumidor. Mais uma vez o coronel e sua equipe se sensibilizaram com a situação da população e foram à caça dos enganadores que consumiam as finanças, a paz de espírito e a boa-fé da população, influenciando negativamente na qualidade de vida destes.

Dessa vez idealizaram uma rede de informações para mapear o campo de atuação dos falsos prestadores de serviço; toda informação vinha das delegacias interligadas. A ação capturou um a um, em várias cidades do país. Em muitos casos, foi possível capturar lá mesmo em Tudo Pode.

Nesse contexto, o coronel Ciros seguiu sempre o mesmo estilo: ele os fez cumprir o contrato, devolver o dinheiro ou se retratar, tudo sob a supervisão da polícia. Novamente o povo se mobilizou para expulsar pessoas descomprometidas com o crescimento da cidade, livrando-se definitivamente da convivência ameaçadora.

Essas medidas despertaram a ira de alguns moradores que se beneficiavam com a situação anterior, pois não queriam as mudanças. Muitos deles se revoltaram contra o coronel e sua equipe, e os faziam passar por muitos dissabores e preocupações. Ignorando que a obrigação da polícia é fazer cumprir a lei e estabelecer a ordem pública.

Diante da pressão que os policiais sofriam, Norton propôs ao grupo uma reflexão diária sobre a própria percepção de cada situação enfrentada, por exemplo, como se saíam diante das tentativas de suborno e das armadilhas morais a que eram submetidos com frequência com o intuito de enfraquecer a moral da tropa e por fim serem dizimados pelo vírus da culpa, para o qual ainda não existe vacina nem cura, somente prevenção. Com esse cuidado, todo o grupo era fortalecido com o apoio psicológico mútuo.

A permanência no cargo de comandante da polícia durou tempo suficiente para que Ciros desenvolvesse um relevante trabalho de reestruturação da ordem pública daquela localidade. Depois ele foi transferido para outra delegacia.

O Capitão Norton preparava uma despedida para seu colega e entre os convidados estava um policial manco desde que levara um tiro em uma perseguição policial. Quando viu Ciros ficou em pé, fazendo continência, e lhe disse:

– Quando o senhor chegou aqui, esta cidade se chamava Tudo Pode, mas a partir de hoje, em nossos corações, a cidade se chamará "Tudo Podia". Riram em uma só voz. Norton preparava o churrasco e também servia a todos com vinho, o vinho com V de vitória.

Comentários

Este texto tem a finalidade de gerar reflexões sobre algo que há muito foi desprezado pelos brasileiros: trata-se da força moral, algo tão necessário quanto as vacinas preventivas contra tuberculose, pois a falta desse ingrediente na composição de uma democracia é desastrosa e o resultado pode ficar fora de controle.

Já faz algum tempo que perdemos o respeito por pessoas que se levantam como líderes e, enquanto não as desmoralizamos, mesmo que as motivações não sejam verdadeiras, não sossegamos. Temos também o hábito de fazer a malhação de nossos políticos, posicionando-os como traidores da pátria, mas eles representam nossa cultura; o que acreditamos e, principalmente, o que ensinamos aos nossos filhos até chegarem à idade adulta e se tornarem políticos.

Lamentavelmente, em todo o país muitos prestadores de serviços têm-se comportado de maneira nada confiável. Quantas vezes já fomos literalmente extorquidos por trabalhadores que não se constrangem em fazê-lo levando o dinheiro, a boa-fé e a paz de espírito dos próprios clientes.

Muitos problemas existentes no Brasil se resolveriam se tivéssemos alguém com força moral, coragem e boa vontade para enfrentá-los. Isso é necessário e urgente para o bem de muitas instituições.

Nesse contexto, autoridades têm sido desqualificadas de maneira vulgar, sob o pretexto de frear seus excessos, deixando a população com o sentimento de abandono. Fazemos samba, debochamos e até vaiamos aqueles a quem pagamos para que nos representem.

Com isso, torna-se perceptível a falta de amadurecimento cívico da população, que não sabe preparar e escolher seus representantes, nem defender seus direitos de forma sóbria e politizada. A única maneira encontrada para demonstrar repúdio às autoridades é por meio de piadas, o que evidentemente não é a forma correta.

Força moral talvez seja algo que tenhamos perdido ao longo do tempo sem perceber, por exemplo, quando trocamos, entre outras coisas, o tratamento que dávamos a nossos pais e passamos a chamá-los de "você", em vez de "senhor".

A construção da imagem de um líder, em muitos casos, se faz a partir dos próprios pais, mas essa construção foi demolida, dando espaço à outra que já nasceu com seus pilares comprometidos pela falta de respeito às regras familiares, sociais e pelo excesso de permissividade dado aos filhos.

Nesse cenário, os pais parecem perdidos em seus valores e negociam a liberdade com seus filhos abandonando normas de conduta que lhes serviram de base no passado. Em muitos casos, a negociação se tornou uma concessão total de liberdade, negligenciando o fato de que os jovens não têm maturidade para gerir tamanho poder que a eles é ofertado. Consequentemente, com frequência, destroem-se em nome do excesso de liberdade.

Desse modo, não enxergam na figura de uma autoridade a razão pela qual lhe deva o respeito, gerando um contingente populacional com características naturais de desobediência, soberba, desrespeito às autoridades e ao próximo. Sugere-se, portanto, que o elegante hoje é ser grosseiro, enfrentar autoridades, desrespeitar aos pais, mas isso é o que podemos chamar de ignorância cívica.

Reflita sobre isso:

Aonde chegaremos quando entregamos nossos valores morais nas mãos de jovens que não sabem manuseá-los e ainda ridicularizam quem consegue fazê-lo? É necessário ter responsabilidade para dosar a liberdade em cada fase da vida e manter o senso de ordem cívica ao repassar os valores para os filhos.

Considere estas dicas para resgatarmos a força moral, primeiramente em nossa casa e, por extensão, em nossa sociedade.

- *Não chame seus pais de você, é melhor manter o pronome de tratamento senhor e senhora;*
- *Procure não desacatar o policial, pois isso é crime;*
- *Respeite o porteiro de seu prédio, o guarda de trânsito, o idoso, a criança, o jovem, o adulto;*
- *Jovens devem respeitar as normas da casa, da escola e também as de segurança pública;*
- *Respeite as autoridades religiosas, pois elas representam muitos valores que não devem ser desprezados;*
- *Evite ser impositivo quando for abordado na rua por um policial;*
- *Procure colaborar quando for parado por um agente de trânsito; mesmo altas autoridades devem dar exemplo de cooperação com a lei e a ordem, respeitando-se mutuamente; evite aquela frase odiada pelos contribuintes: – "Você sabe com quem está falando"? Sim, sabemos, com alguém que deve respeitar e se sujeitar às leis como qualquer outro cidadão deste país;*
- *Respeite os professores; já imaginou como seria o mundo sem o repasse dos seus conhecimentos?;*
- *Não despreze as leis de trânsito;*
- *Evite mentir, pois isso talvez seja o grande segredo para se plantar e cultivar a confiança e a força moral. Há quem diga que a mentira é um mal necessário; isso é verdade em culturas cuja mentira foi mais*

valorizada que a verdade. Além disso, se todos se acostumarem com a verdade, ninguém precisará da mentira para se sentir melhor, nem se sentirá afrontado com ela;

- *Aja com moderação ao ser corrigido; não se deixe dominar pela soberba e arrogância; evite o enfrentamento com quem corrige justamente; diz um provérbio bíblico que os sábios agradecem a correção, mas os tolos a desprezam;*
- *Procure ter uma atitude serena diante dos seus deslizes morais; peça desculpas e recomece; evite ser alvo de chantagens.*

Muito bem! Chegamos ao fim, espero que nossa relação com as pessoas e com a sociedade seja doravante de satisfação e trocas mútuas.

O coronel Ciros e o Capitão Norton usavam o uniforme da polícia, mas tinham um guarda-roupa moderno para interagir com os locais. Veja o estilo dos dois.

Etiqueta

- *No trânsito*
- *Em avião e aeroporto*
- *No ônibus coletivo*
- *No ônibus interestadual*
- *Na universidade*
- *Na Van universitária*
- *Na república estudantil*
- *Em supermercado*
- *Na internet*
- *No caos público*

Etiqueta no trânsito

O crescimento da frota brasileira trouxe muitos problemas nas estradas e muitos desafios para se pacificar a convivência entre usuários do trânsito, portanto, tente ficar longe das estatísticas negativas.

- *Pratique o limite de velocidade, principalmente quando estiver acompanhado(a); não coloque a vida do passageiro em risco;*
- *Tente pacificar o seu trajeto, ache uma solução para tal;*
- *Nunca esmurre o volante de seu carro na frente do seu cônjuge e das crianças; cuidado com a falta de controle emocional;*
- *Não crie um ambiente de tensão dentro do veículo principalmente quando estiver acompanhado;*
- *Evite aceleradas bruscas quando sair do semáforo;*
- *Se você é daquele que se transforma em um tipo de motorista veloz e furioso quando está no trânsito procure ajuda profissional;*
- *Respeite a faixa de pedestre, o Brasil todo precisa praticar isso;*
- *Controle suas emoções, finja que não vê ou ouve as provocações de outros motoristas. Evite desrespeitar outros motoristas;*
- *Nem pense em se irritar com o motorista que te deu uma buzinada;*
- *Não ligue o farol insistentemente na traseira do carro que está lento na faixa de aceleração;*
- *Não use duas vagas no estacionamento;*
- *Evite roupas apertadas ao dirigir, pois você pode ficar irritado;*
- *Música alta tira sua concentração; abaixe o volume;*
- *Evite desentendimentos e violência;*
- *Verifique o cano de escapamento do seu carro, evite poluição;*
- *Nem pense em dirigir bêbado, isso é ilegal e ridículo;*
- *Não faça do carro uma arma contra você e o outro;*
- *Evite usá-lo para atividade íntima em área residencial;*
- *Buzina só quando necessário, jamais perto de hospital e escola;*

- *Não faça rachas, cuidado com sua vida e a dos outros e com quem vai pagar a conta do seu tratamento em caso de acidente;*
- *Se estiver com sono, não dirija;*
- *Mantenha seu carro limpo, mais qualidade de vida para você;*
- *Não deixe dinheiro junto com o documento do carro, pois se for parado em uma blitz pode parecer que está oferecendo suborno ao policial;*
- *Em caso de batida, evite se exaltar com quem está errado e socorra as vítimas primeiro;*
- *Cuidado com o farol alto ligado ao trafegar pela cidade;*
- *Carona, evite bater forte a porta do carro, ao descer coloque o banco na mesma posição que estava; feche os vidros, não deixe lixo no assoalho, evite conversar insistentemente com o motorista;*
- *Caminhoneiros, motoristas de ônibus e outros devem manter o sono em dia e também o bom humor;*
- *Evite fazer do carro uma sala de som ambulante, aumentando a poluição sonora da cidade;*
- *Evite bater sua porta no carro que está parado ao lado;*
- *Será que um dia encontraremos um modo de convivência justa e pacífica entre ciclistas, motoristas e motoqueiros? Esteja aberto;*
- *Motoqueiros, cuidado com os retrovisores dos carros e aceleradas barulhentas;*
- *Ciclista, use identificadores luminosos à noite;*
- *Dica de segurança: ao vender seu carro não esconda os problemas de freio e outros que comprometam a vida de seu comprador;*

Nas questões de trânsito é sempre bom se manter atualizado com seu próprio comportamento, por exemplo, tente assumir seus erros, admitir que é agressivo (se for o caso) e que esse comportamento pode pôr em risco a vida de outros, também admitir que passou dos limites quando o fez observando seu próprio desenvolvimento no trânsito, atitudes, palavras, pensamentos e como você trata os outros motoristas. A cada saída é possível mudar alguma coisa, se for insultado, por exemplo, mantenha o bom humor; saia de casa descansado.

Etiqueta em avião e aeroporto

Estas dicas não pretendem formar um tipo de passageiro ideal, mas bons companheiros de viagem, afinal atualmente mais gente está viajando de avião, talvez até mesmo quem nunca viajou, e essa realidade exige adaptações e uma linguagem nova para interação e comunicação em viagens aéreas. De todo modo, o objetivo é contribuir para a formação de uma consciência capaz de perceber o que se deve ou não fazer nessas situações.

- *Antes do embarque, facilite o momento do check-in;*
- *Se você for do tipo que tem enjoos, tome remédios antes da viagem;*
- *Não façam aglomerações na entrada ou na saída do avião; tenham em mãos os bilhetes e documentos;*
- *Não transporte embrulhos de estranhos nem peça para que levem os seus;*
- *Coloque objetos de metal em uma bolsa separada para facilitar o trabalho da segurança;*
- *Evite super produções, também roupas curtas, transparentes e sensuais; é sempre bom estar com cabelos limpos, unhas cortadas, sapatos sem cheiro...*
- *Um look bem legal para se viajar deve ter um conceito de conforto e bem-estar, quem sabe até uma boa colônia pós-banho;*
- *Durante o voo, cuidado com o abre e fecha de janelas, pois seu companheiro pode estar dormindo ou relaxando;*
- *Procure falar baixo principalmente em voos noturnos;*
- *As malas, por favor, quanto menor, melhor;*
- *Ao entrar e sair do avião segure sua bagagem com as duas mãos e ande com ela à sua frente; evite colocá-la nos ombros para não sair dando bolsadas nos demais;*
- *Na hora do lanche, deixe seus braços rentes ao corpo; devolva as embalagens em ordem, com os copos vazios virados para baixo para evitar que o comissário tenha contato com saliva;*

- *Cuidado com a bebida em excesso, lá em cima uma dose vale por três;*
- *Use sua luz de leitura virada para seu próprio assento;*
- *Mães com criança precisam saber do médico antes de viajar o que usar para dor de ouvido e ou enjoos, pois elas costumam chorar por isso;*
- *Se perceber que seu companheiro(a) de viagem nunca andou de avião, tente ser solidário;*
- *Se estiver gripado, tenha sempre à mão um lenço, evite molhar os outros passageiros com spray de saliva ao espirrar;*
- *Cuidado com bocejos, espreguiçadas, assoadas de nariz; vá ao banheiro para fazer tais coisas;*
- *Não faça um 4 com as pernas; deixe a sola do sapato virado para baixo; evite sujar a roupa da pessoa ao lado;*
- *Mantenha os sapatos nos pés;*
- *Antes de dormir vire-se para o lado oposto; evite se escorar na outra poltrona e ou no colo do outro passageiro; cuidado ao inclina-la;*
- *Tente não usar o banheiro se a viagem já estiver finalizando; mas se houver necessidade, deixe tudo limpo e seco;*
- *Respeite os comissários de bordo;*
- *Melhore o fluxo da saída, os passageiros sentados nas poltronas da frente precisam ser ágeis, crie uma estratégia para sair rapidamente;*
- *No desembarque evite aglomeração no corredor, se perceber que o fluxo esta congestionado espere sentado;*
- *Ao se despedir agradeça, não há necessidade de apertos de mãos.*

Etiqueta no ônibus coletivo

Provavelmente os usuários de transporte coletivo ainda não se deram conta de que podem perder diariamente uma chance de fazer grandes amigos e/ou até encontrar alguém especial, dentro do ônibus.

O fato é que nos tornamos agentes "estressores" – se é que existe essa palavra, pois percebo que passamos um tempo precioso dentro do ônibus e não tiramos proveito algum dessa convivência diária, e ainda ficamos apreensivos com a ideia de dividir o espaço com pessoas que nos parecem pouco solidárias e de difícil interação.

As regras para essa convivência são parecidas com as de viagem aérea, mas existem algumas particularidades que visam estimular atitudes e comportamentos moderados em relação ao transporte coletivo. Daqui uns tempos quem sabe mais pessoas se sintam estimuladas a andar de ônibus – assim diminuindo a distância entre elas e a quantidade de monóxido de carbono na atmosfera.

- *Assento da janela e ventiliação em dia de chuva – pessoas com enjoo e gávidas têm preferência; entretanto, se alguém estiver se molhando por causa do vidro aberto, tem o direito de fechá-lo, mas se o local ficar abafado – penso que a melhor solução para todos é deixar uma janela aberta (e ou o assento correspondente livre) para ventilar o local. Reveze o lugar com a pessoa que se dispôs a ficar em pé com essa finalidade.*
- *Cuidado com paquera e/ou assédio sexual; como eu disse, podemos encontrar no ônibus alguém do nosso agrado, mas se em toda viagem o mesmo passageiro paquerar pessoas diferentes, pode ser um tipo de assédio que vai gerar tensão, se for assédio sexual ou moral explícitos é melhor denunciar o infrator;*
- *Evite dar notas altas, pois isso pode zerar o caixa e deixar o próximo passageiro sem troco;*
- *Fique longe da porta se não for descer nas três primeiras paradas, dê preferência para quem descerá primeiro;*
- *Coloque a mochila, sacolas e bolsas na sua frente para evitar bater nas pessoas;*
- *Celular, evite falar alto sobre assuntos pessoais; não se comprometa;*
- *Use desodorante, por favor, um bem cheirosinho, talvez você até ganhe lugar ao lado de alguém simpático; só lucro; melhor para você se tiver que levantar os braços;*

- *Evite espirrar no cabelo das pessoas; use um lenço;*
- *Cuidado com os gases;*
- *Agradeça pequenos gestos de gentileza, humanize o ambiente;*
- *Mantenha a cordialidade com o cobrador e o motorista;*
- *Peça licença quando for avançando do seu lugar até a saída, caso o ônibus esteja lotado;*
- *Sacolas de compras ficam no colo do passageiro;*
- *Baixe o som do celular ou use um fone de ouvido; som alto é cafona;*
- *Evite gestos bruscos, pisadas, esbarrões; segure-se com firmeza;*
- *Feche as pernas, principalmente quando tiver alguém ao lado, ocupe somente um banco;*
- *Não guarde lugar para quem vai subir depois;*
- *Se tiver chovendo ao entrar no ônibus abaixe o guarda chuva, não o deixe no alto pingando na cabeça do passageiro sentado;*
- *Não deixe os pés no corredor; mantenha a sola do sapato para baixo;*
- *Não danifique nem faça pichações no veículo;*
- *Motoristas devem evitar freadas bruscas, a insuportável dupla freia, acelera; também não fazer curvas fechadas;*

Etiqueta no ônibus interestadual

Para evitar repetições a introdução desta é semelhante à mensagem de etiqueta em coletivo e viagem área.

- *Ao embarcar esteja com os documentos e a passagem em mãos;*
- *Acomode as bagagens, deixando-as na ordem de chegada, se for descer antes da parada final, deixe para acomodá-las por último;*
- *Carregue suas bagagens de mão na sua frente e acomode sem pressionar as demais;*

- *Durante a viagem sejam gentis e corteses com a dupla motorista e cobrador;*
- *Evite abrir sacos de salgadinhos com cheiro forte, principalmente se for ar condicionado; coitado de quem sente enjoos;*
- *Ao transportar alimentos devem estar bem embalados para evitar odores;*
- *Tente entrar em um acordo quanto à cortina, pois se o passageiro da janela não quiser abri-la poderá deixar o outro sem usufruir da paisagem;*
- *A prioridade do ar condicionado é de idosos, crianças e enfermos, mas todos podem pedir para diminuir ou aumentar a temperatura, isso é quase um revezamento natural;*
- *Fale baixo, principalmente em viagens noturnas; não insista no assunto se a pessoa ao lado dá sinais de que quer dormir;*
- *Cuidado com assédio moral, sexual...*
- *Se ouvir música, ouça no fone de ouvido;*
- *Banheiro, ao usar deixe tudo limpo e seco, feche a porta ao sair;*
- *TV de bordo se desejar ofereça um filme, mas se não agradou geral peça licença e o retire;*
- *Evite falar insistentemente com o motorista; ele precisa se concentrar;*
- *Perigo na estrada, evite levar joias e outros pertences de valor;*
- *Sapatos, por favor, se os pés tiverem suados e com aquele cheiro não os tire do pé; deixe o solado para baixo;*
- *Direcione a luz de leitura para sua cadeira; ao ler o jornal deixe dobrado;*
- *Quando fumar (durante as paradas) é bom que mastigue chicletes;*
- *Tenha sempre em mãos um lenço se estiver tossindo ou espirrando; evite sujar os outros com <u>spray</u> de saliva;*
- *Segurança para todos: evite portar armas;*
- *Solidariedade com os doentes e portadores de necessidades especiais;*
- *Se estiver viajando em excursão, limite-se ao comprar, cuidado para não pegar as cotas de espaço no bagageiro do outro; ou então compre duas passagens;*

- *Cuidado ao comprar em demasia e constranger seus companheiros a carregar suas compras;*
- *Caso seja necessário ajude o motorista com troca de pneus ou defeitos;*
- *Dica de segurança: ao passar em trechos notadamente perigosos façam um revezamento de vigilância noturna para evitar roubo de bagagem de mão enquanto todos dormem;*
- *Não aceite doces de estranhos, cuidado com os soníferos.*

Etiqueta na universidade

Com o aumento do número de vagas nas faculdades, universidade pública e particular muita gente voltou a estudar e, portanto, o ambiente acadêmico hoje não é mais de maioria jovem, mas é também de pessoas de todas as idades e de quem já passou por lá. Neste caso, veja se consegue entrar e sair do curso superior sem muitos problemas de relacionamentos.

Estas informações não têm a pretensão de formar o aluno modelo, mas tão somente oferecer dicas para qualquer um que conviva em ambiente acadêmico, seja professor, aluno e funcionários em geral e não desintegre sua personalidade com ofertas de propostas sedutoras.

- *Mil vezes respeite seu professor, não o trate como seu empregado, mas como um forte e importante aliado, portanto evite enfretamento e atitudes desrespeitosas;*
- *O bullying hoje já foi desmascarado, fique atento para o fato de que você pode tanto ser vítima como agressor;*
- *O trote está fora de moda, ou melhor, de controle, portanto não participe, nem deixe que sua imagem fique prejudicada com brincadeiras destrutivas; lembre-se, você está lidando com o futuro da sua imagem pessoal e profissional;*
- *Evite divulgar informações sobre a vida pessoal dos seus colegas;*

- *Garotos, cuidado com os ímpetos hormonais, evite palavras com conotação sexual, maneiras grosseiras e machistas contra as meninas;*
- *Procure não se fechar em grupos, tribos... Pois ao terminar o curso suas ideias podem não ter passado por mudanças significativas;*
- *Quando participar de trabalho em equipe faça sua parte, não deixe toda tarefa nas costas de um dos participantes;*
- *Valorize o tempo, o investimento, e o esforço coletivo: seu, dos seus pais, do professores e demais;*
- *Tente manter um ritmo de disciplina, concentração, trabalho, interação, reciprocidade, ordem, pontualidade e urbanidade;*
- *Seja atento, cordial e solidário com seus colegas;*
- *Respeite todas as religiões, raça, posição social e opinião política;*
- *Riquinhos em geral, evitem um estilo de vida esbanjador, pois o clima na universidade é outro;*
- *Alunos devem evitar envolvimento afetivo, sexual e excessivamente amigável com professores e funcionários da instituição;*
- *Cuidado com a excessiva liberdade sexual que muitos universitários ganham ao sair da companhia dos pais. Não dêem chance para uma gravidez não planejada ou contrair doenças sexuais;*
- *Se você se manteve sem vícios até agora, não precisa se viciar em nada no período da graduação; vença isso dia a dia;*
- *Cada curso naturalmente impõe uma identificação no modo de vestir, pois isso faz parte do aprendizado profissional, portanto se você está em uma área tradicional evite roupa excessivamente sensual, transparente, microssaias, bermudas, vestidos e umbigo de fora;*
- *Respeite o tempo do colega durante a aula: evite conversas, ruídos, abre e fecha de portas, sapato barulhento, fazer barulho nos corredores, desligue o celular... Silêncio!*
- *Seja discreto se chegou atrasado, se possível evite passar na frente do professor e da turma ao procurar seu lugar;*
- *Palavrinhas mágicas: com licença, por favor, obrigada, sim senhor, sim senhora são bem-vindas no cotidiano universitário;*

- *Nesta fase de estudo espera-se um comportamento compatível, portanto evite falar com seus professores como se ele fosse seu pai ou sua mãe, não tome liberdade com eles; lembre-se do princípio da hierarquia;*
- *Evite comer dentro da sala de aula, nem masque chiclete;*
- *Quanto às dúvidas tire as suas, e dê tempo para outros tirarem também;*
- *Tenha sempre em mãos o material correspondente à aula do dia, evite desconcentrar seu colega com pedidos de empréstimos durante os exercícios;*
- *Procure ser justo, não exija mais nota do que merece quando você tem consciência de que não fez por merecer;*
- *Não se aproprie de ideias alheias, evite plágio;*
- *No banheiro, não deixe o vaso respingado e dê descarga, também não deixe a pia alagada, papel usado e absorvente exposto, nem cabelo e resto de escovação dentária, não faça pichação nas paredes, seja breve ao usá-lo.*

Etiqueta na Van universitária

Muito bem, você já tem uma ideia de comportamento na sala de aula e como lidar com o resto do grupo, agora é hora de pensar em transporte coletivo, mas ao mesmo tempo privativo, ou seja: privativo da sua turma:

- *Antes de entrar na Van, veja se não está com cheiro nos pés, axilas, mau hálito, cheio de gases e outros;*
- *Ok, depois da aula noturna todos cansados, mas sempre tem um que conversa mais que os outros, silêncio, portanto, ou fale baixo;*
- *Ouça música no fone de ouvido; deixe o celular no silencioso; coloque seu material no seu colo;*

- *Evite paquerar na Van, mas se for inevitável, não deixe o ambiente tenso, nem morra de ciúmes por isso, é perigoso paquerar duas ou dois colegas ao mesmo tempo;*
- *Prioridade da janela é de quem chega primeiro e escolhe o lugar, mas grávidas e quem está dodói pode pedir a troca de lugar sem afetação para a imagem;*
- *A turma do fundão "não pode rir" até entrar todo mundo, pois vão achar que estão rindo dele(a); se for o caso inicie o assunto com a maioria presente e deixe a galera participar;*
- *Evite assédio sexual entre colegas; avise ao motorista se isso acontecer;*
- *Assunto da Van se encerra na Van, nada de divulgar para quem não faz parte do grupo;*
- *Durante a viagem é um ótimo momento para trocar figurinhas e desenvolver amizades sólidas, esteja aberto;*
- *Dada a inevitável e alta interação humana, seja solidário, humanize o ambiente para evitar desconforto emocional;*
- *Durante o percurso (se for longo) dá até para fazer festa de confraternização, de fim de ano, aniversário; despedida, mas evite bebida alcoólica;*
- *Pode levar CD de piada, música brega, nada sério, e/ou quaisquer coisas para relaxar, mas evite música do tipo sex. Riam muito nesse período, pois é único;*
- *Não faça grupinhos, sejam um grupão bem afinado uns com os outros;*
- *Sejam corteses com o motorista;*
- *Quem desce por último senta nos últimos bancos, facilite o fluxo;*
- *Cuidado com as palavras, xingamentos, descontrole emocional;*
- *Quando deixar de usar a Van avise aos colegas, mantenha contato.*

Etiqueta na república estudantil

Percebeu? Você está na universidade, já tem seu transporte e, provavelmente, irá morar na república de estudantes junto com outros colegas, neste caso veja dicas para facilitar a convivência:

- *Cada um deve ter sua própria chave, pois não vale acordar o colega para abrir a porta no meio da madrugada;*
- *Quanto à higiene do local: dividam as tarefas e a despesa com o material necessário; a limpeza do banheiro deve ser revezada;*
- *As roupas de um não devem ocupar o sofá da sala, nem ocupar o secador durante muito tempo;*
- *Evite constranger o colega usando seu material de uso pessoal tais como: o papel da impressora, o computador, o celular, e outros que lhe cause despesas fora do seu orçamento;*
- *Cuidado com encontros íntimos na república, pois nem todos vêem isso com bons olhos;*
- *Procure deixar o ambiente neutro, livre de fofocas, discórdias, mantenham o controle emocional e negocie tudo entre os moradores;*
- *Quem precisar estudar à noite encontre um lugar cuja luz não incomode os demais;*
- *Cuidado com o som alto, sapato barulhento e muito ruído, pois o ambiente também é de estudo;*
- *Quanto à comida: evite usar as reservas especiais guardadas no armário particular ou aquelas enviadas pela família do colega, tais como: os doces, os chocolates, as frutas, os biscoitos...*
- *Nomeie um chefe do dia ou da semana para organizar a comida: este deve manter a divisão justa dos alimentos pagos por todos, por exemplo, deve deixar uma reserva de comida para o último a chegar;*
- *Se usar analgésico, absorventes e outros do(a) colega, reponha, pois é sempre bom ter um de reserva;*
- *Nunca deixe absorventes, camisinhas usadas, calcinhas, cuecas e outros da própria intimidade expostos;*

- *Evite reivindicação excessiva, abusos, clima de descontentamento. Se não se identificar com o grupo, procure outra república;*
- *Não deixe as despesas de água, luz, telefone e/ou de manutenção do imóvel sem os devidos pagamentos com a contribuição de todos, tem que haver consciência.*

Etiqueta em supermercado

O supermercado é um local público que pode render muitas amizades se os clientes conseguirem manter um nível de sociabilidade uns com os outros, com os gerentes, com a equipe de apoio e com os caixas:

- *Muito bem! Homens, alguns de vocês não gostam de ir ao supermercado, mas se for mantenha o bom humor; diga a sua esposa e filhos quanto pode gastar; antes faça uma lista de compras, nada de exaltações, pois você pode constrangê-los com sua insegurança; sejam decididos, elejam as prioridades; evitem atitudes extremas como brigas e/ou tirar coisas do carrinho na frente de todos;*
- *Tente conduzir o carrinho sem que ele represente uma ameaça, pois é você quem está no comando;*
- *Peça licença para tudo, na fila do jiló, da cebolinha... Se o local tiver congestionado;*
- *Facilite o fluxo, não deixe seu carrinho impedindo as passagens;*
- *Pese tudo que precisar antes de ir ao caixa, pois não vale deixar os outros esperando enquanto você vai à fila da pesagem;*
- *Não fure a fila nem deixe alguém guardando o lugar, e depois chega esse alguém com dois carrinhos lotados, avise isso antes para quem chegou depois de você;*
- *Tente controlar as crianças sem gritos, palmadas. Negocie: dos "vinte" itens que eles desejam leve um; sejam firmes caso eles se joguem no chão fazendo você parecer o pior ser da face da terra; ou as deixe no espaço de convivência;*

- *Evite problemas com a segurança do supermercado; não abra as embalagens;*
- *O supermercado não é lugar para intolerância, grosserias e outros do gênero. É um lugar que exige concentração, equilíbrio, escolha, negociação, decisão, enfim é um ambiente de negócios; o nível do ambiente é você quem faz; se as atitudes forem desonestas, grosseiras e bagunçadas tanto por parte do supermercado quanto dos clientes, o local certamente será de negócios desonestos e bagunçados; reflitam sobre isso e encontrem o equilíbrio;*
- *Se houver necessidade, chame o gerente e diga o que sente e/ou o que precisa com tom de voz moderada, evite descontrole emocional e tratar os funcionários com desrespeito ou humilhá-los;*
- *Evite comer dentro da loja; se houver necessidade, faça uma pausa nas compras;*
- *Evite pegar o carrinho de outros clientes, quando este já iniciou as compras, ao sair não o deixe solto no estacionamento;*
- *Seja discreto, não há necessidade de olhar as compras do outro;*
- *Esqueceu-se de algo da lista? Peça alguém do apoio para buscar enquanto você passa suas compras no caixa, não atrase o andamento;*
- *Leve uma calculadora; evite que o caixa perca tempo cancelando os itens que passaram do seu orçamento;*
- *Cada cliente pode em clima de paz usar até cinco minutos para resolver um problema extra, quando já estiver no caixa; se for demorar mais peça licença ao próximo da fila;*
- *Se ouvir uma promoção imperdível com cotas limitadas; não saia correndo com o carrinho, evite acidentes;*
- *Não solte as bananas do cacho; não amasse as frutas; cuidado com as folhagens;*
- *Não molhe o dedo na boca para abrir os sacos e depois pegue nas frutas ou verdura que não vai levar;*
- *Em tempos de crise ou seca, considere a possibilidade de levar um tomate ou outros amassados de baixa qualidade, estimule o produtor;*

- *Controle o espírito de desrespeito que às vezes se manifesta sem pedir licença e aí se bagunça as gôndolas deixando objetos caídos e/ou fora de lugar, sacos furados, embalagens danificadas;*
- *Ao pagar suas compras, seja gentil, mantenha o bom humor;*
- *Muitos supermercados precisam combater a balança com dois pesos e duas medidas; não vender produtos vencidos com etiquetas renovadas; ter atenção aos preços corretos das mercadorias nas etiquetas, pois há muita incompatibilidade; oferecer treinamento humanizado para os repositores, pois muitos trabalham no automático e não conseguem ajudar um cliente a encontrar algo na loja; façam promoções verdadeiras, pois o setor passa por uma crise de confiança nesse quesito.*

Etiqueta na internet

A maioria das pessoas tem interesse em usar o computador para navegar e se comunicar pela internet. As regras para essa convivência são aceitas de forma colaborativa, pois ainda não se tem ou conhece uma norma para tal. Entretanto, à medida que as ações incomodam, seja por qual motivo, procura-se uma solução viável.

A internet tem mil e uma utilidades, mas é um campo de guerra altamente destrutivo e você precisa está bem treinado(a) com as ferramentas para não ficar a mercê de espiões, ladrões, falsificadores, andarilhos, fofoqueiros, pedófilos e/ou bandidos em geral. Se necessário veja estas dicas:

- *Não envie nada comprometedor em correio eletrônico; o risco é alto de minutos depois isso estar na boca do mundo;*
- *Evite chantagear as pessoas com imagens roubadas delas, não coloque isso na internet;*
- *Não envie mil mensagens à toa para pessoas que não lhe são íntimas;*
- *Na empresa, evite enviar mensagens pessoais extensas para seus colegas; o tempo deles não é pago por você;*

- *Não se esqueça de responder aos e-mails dos clientes e os pessoais;*
- *Facilite os acessos para abrir as mensagens;*
- *Envie mensagens com títulos objetivos; avise se for longa;*
- *Tente responder todas; mesmo que seja só confirmando o recebimento;*
- *Use símbolos para suavizar a entonação da mensagem;*
- *É uma grosseria sem tamanho enviar o mesmo texto que recebeu de alguém pedindo ajuda ou apoio, para outro, quando há conflitos entre as partes; seja confiável, pois se imagina um negociador;*
- *Quando receber documentos sempre acuse o recebimento dos mesmos logo após receber a mensagem;*
- *Para evitar insegurança crie uma relação de confiança entre sua empresa e o cliente, por exemplo, ofereça um endereço para uma visita; se a empresa não for somente virtual;*
- *Lamentavelmente muitos internautas não se cansam de divulgar bizarrices na rede deixando o espaço com cara de lixão, é tanta apelação que não há mais como navegar sem ser atingido por um torpedo invasivo que quebra o clima emocional de qualquer um; portanto melhore a qualidade das colaborações;*
- *Limpe a área de mensagem e use cópia oculta quando reenviar mensagens com outros endereços;*
- *Espere o aceite do seu convite no MSN. Não insista;*
- *Não publique imagem sem autorização do dono, isso é crime;*
- *Quando receber uma mensagem que vai constranger uma pessoa que foi pega em situação desaconselhável não divulgue;*
- *A internet é um território minado e pode implodir seu estado emocional, pois uma única imagem pode estragar seu dia; evite depressão, não navegue em áreas de risco;*
- *Evite fofocas on-line;*
- *Ultimamente o mundo foi invadido por celulares com máquinas fotográficas e filmadoras, parece um grande big brother, tamanha a falta de senso de privacidade, invasão total; evite divulgar material*

dessa procedência, pois no momento a farra é dos invasivos inconvenientes, mas logo poderá ser de pessoas que foram insultadas e incomodadas em sua privacidade exigindo dinheiro pelos danos causados à sua imagem;

- *Não faça pressão por atenção entrando e saindo no MSN.*
- *Procure não ficar viciado(a) em vigiar perfis em redes sociais.*
- *Cuidado se você não tiver prepardo(a) para divulgar informações sobre sua vida pessoal é melhor evitar exposição em excesso.*

Etiqueta no caos público

Provavelmente você deva estar se perguntando o que deu na minha cabeça para dar sugestão de comportamento em um momento de desespero e incerteza como os deslizamentos que aconteceram no Rio de Janeiro; as enchentes no Nordeste; São Paulo e em outros locais do Brasil. Pois bem! Veja o que aconteceu no Japão depois do tsunami no início de 2011 – segundo um desconhecido que observou a situação de perto:

DEZ COISAS A SEREM APRENDIDAS COM O JAPÃO

1 – A calma

Nenhuma imagem de gente se lamentando, gritando e reclamando que "havia perdido tudo". A tristeza por si só já bastava.

2 – A Dignidade

Filas disciplinadas para água e comida. Nenhuma palavra dura e nenhum gesto de desagravo.

3 – A Habilidade

Engenharia de resultado, pois em seis dias muitas estradas já estavam refeitas.

4 – A Solidariedade

As pessoas compravam somente o que realmente necessitavam no momento, e assim todos tinham acesso à comida. Muitos optaram por não fazer estoque.

5 – A Ordem

Nenhum saque às lojas; nada de buzinaço nem tráfego pesado nas estradas. Apenas compreensão.

6 – O Sacrifício

Cinquenta trabalhadores ficaram para bombear água do mar para os reatores da usina de Fukushima. Como poderão ser recompensados?

7 – A Ternura

Os restaurantes cortaram pela metade seus preços e caixas eletrônicos foram deixados sem qualquer tipo de vigilância. Os fortes cuidavam dos fracos.

8 – O Treinamento

Velhos e jovens, todos sabiam o que fazer e fizeram exatamente o que lhes foi ensinado.

9 – A Imprensa

Mostraram enorme discrição nos boletins de notícias. Nada de reportagens sensacionalistas. Apenas calmas reportagens dos fatos.

10 – A Consciência

Quando a energia acabava em uma loja, as pessoas recolocavam as mercadorias nas prateleiras e saiam calmamente.

NENHUM ARRASTÃO, CONTRA O POVO ou PARA SAQUEAR O COMÉRCIO.

Como tudo começou

Uma viagem pra li, outra para acolá; uma festa de aniversário, um casamento, um velório, eventos religiosos, uma visita a uma amiga acamada; aconselhar uma mãe indisciplinada ou um pai omisso, um filho rebelde, uma noiva nervosa entre muitos outros revelam que o cotidiano é um grande laboratório de experiência humana.

Fazendo uso das vivências em viagens por vários locais, outro dia, em uma praia do interior da Bahia, ri baixinho, de alegria mesmo, pois não há como ficar triste ou tensa(o) naquele lugar ao ver as delicadezas sociais do baianos com os turista. Ali em Salvador-Ba também tive várias surpresas mais agradáveis: a realeza e a baianidade do seu povo não se explica. A mim, em dado momento, não passou despercebido um anúncio de uma rede de fast-food na movimentada rua do centro da cidade que dizia o seguinte: "Aberto até mais tarde". Esse costume de hora marcada parece não ser muito condizente com o ritmo da cidade, pois o baixo nível de ansiedade é determinante em várias situações. Algo também próprio da Bahia são as propagandas que anunciam seus serviços e produtos revelando a cultura local, bem como o zelo na preservação da própria imagem.

Tempos depois, no nordeste, em Natal, com sua hospitalidade que atrai turistas do mundo inteiro, vê-se a cidade renovada com prédios modernos com vista para o mar ao gosto internacional contrastando com outro local da cidade, que não quer ter a mesma vista. Não sei se foi impressão minha, mas as portas das casas estavam viradas na posição contrária ao mar, como se dissesse que os moradores do local não têm tempo para a contemplação.

Em fortaleza, tem-se a impressão de estar em uma guerra cujos guerreiros disputam a superioridade de sua masculinidade. Muitas piadas e expressões da comunicação local revelam com bom humor a intimidade do povo mais bem humorado do Brasil.

Em São Paulo é inevitável um passeio dentro de um gigante servil,que obedece apenas a duas funções – partir e parar rompendo os subterrâneos da cidade, nos levando em seu ventre iluminado como uma mulher grávida de gêmeos múltiplos, mas com personalidades diferentes. No metrô já se nota que o local tem alta concentração de profissionais de todos os níveis e especialidades. São Paulo deveria se chamar city work. Fui lá algumas vezes e sempre conferia minhas impressões sobre o local e as pessoas, mas ainda não consegui decifrar o enigma do gigante iluminado que percorre os subterrâneos, além de ficar embriagada com os rostos que desenham a face brasileira.

Em Minas, gosto de ouvir as vozes macias com seus erres bem posicionados sobre a migração rural de grupos que saíram do campo e agora vivem à maneira das cidades de pequeno porte. Os filhos, que agora são doutores, encontraram outra forma de sobrevivência e a nova geração aderiu o modo de vida instantânea: comida, relacionamentos, estudos... Lamentavelmente a pureza e a serenidade que traduziam a imagem das pessoas do campo deram lugar à imagem do medo, da desconfiança, da insegurança e da aflição gerados pela ameaça das drogas e da violência que rondam o interior deste país, sem contar que os rendimentos do homem do campo são pouco atraentes para que ele permaneça lá, tendo em vista sua importância.

Uma passadinha em Curitiba e Santa Catarina e lá estavam elas, lindas. A primeira, toda independente, com pessoas e ruas elegantes, transmite a imagem de cidade ideal, principalmente pelo seu sistema de transporte urbano. A cidade que exala beleza é um misto de antigo e moderno; as casinhas estilo italiano, alemão, a pizzaria da esquina, tudo um encanto; Santa Catarina é um estado doce, assim como seus chocolates e sua gente cheia de paz. Camboriú, com suas praias lindas; o gracioso aeroporto de Navegantes; o Porto de Itajaí, com gente e mercadorias que vêm e vão; bem próximo dali, um parque temático que me atraiu só para acrescentar algo mais à minha curiosidade; a prainha linda em São Francisco do Sul e seu porto estratégico são registros positivos desse estado.

Bem mais tarde uma idazinha ao Rio Grande do Sul. Não há como esquecer Caxias, com suas indústrias, seus sucos, vinhos e a graciosa Festa da Uva, que, em minha opinião, é uma declaração de amor e gratidão à terra pelo fruto que ela produz. Inesquecível, afinal!

Em Gramado, fiquei encantada com as roupas das prendas, os cintos, as calças, as botas que os rapazes usavam e juntei-me a um grupo de locais para ouvir em posição de sentido o Hino do Estado do Rio Grande do Sul, enquanto hasteavam a bandeira em frente a um Centro de Tradições Gaúchas preparado para a festa Farroupilha. Ali ganhei um presente espontâneo: um lenço Maragato, que recebi ao som das músicas de Teixeirinha (cantor gaúcho, in memoria), acho que pelo meu interesse pela cultura local.

Também uma passadinha na cidade de Rio Grande. Que lindo o museu oceanográfico! Gostaria de levar todas as crianças brasileiras para um passeio ali, só para elas descobrirem os segredos dos mares. Tem ainda seu porto eficiente e suas estradas a serem alargadas para evitar o gargalo logístico. Por isso e muito mais, viva a cidade futuro!

O Rio de Janeiro com certeza recebeu o nome de Cidade Maravilhosa pelo conjunto da obra: praias, morros, prédios, cultura, pessoas e tudo que envolve o contexto carioca. O cenário era uma faculdade de moda que recebe alunos de todo o Brasil em regime de internato. Fiz alguns cursos na área, e cada um com seu próprio público. Assim tive oportunidade de conviver com grupos de várias idades e culturas. Bastava um sorriso e a aproximação era permitida enquanto almoçávamos fazendo turismo gastronômico e cultural sem sair do campus.

Em Brasília tem a festa dos estados e, vez por outra, exposições regionais. Esses encontros dos brasileiros é algo que atrai minha atenção, pois ter a possibilidade de conhecer a cultura de todas as regiões em um único lugar é uma experiência ímpar, na qual levamos e deixamos um pouco de todos nós.

E toda essa andança vai naturalmente aqui e ali, desvendando um pouco do que nos afeta; nossos sonhos de consumo; o que gostaríamos de deixar para trás; os desafetos e as muitas necessidades do nosso povo. Mas a grande surpresa foi saber que, em algumas áreas relevantes ao nosso desenvolvimento, estamos em atraso, mas em outras, altamente destrutivas, avançamos muito em prejuízo de nós mesmos.

Foto: Fernando Perecin

Ana Leite